U0485945

世图心理

博客：http://blog.sina.com.cn/bjwpcpsy
微博：http://weibo.com/wpcpsy

BERT
HELLINGER

我们
这个时代的
教育

［德］伯特·海灵格 / 著
宋黎辉 / 译

世界图书出版公司
北京·广州·上海·西安

图书在版编目（CIP）数据

我们这个时代的教育 /（德）伯特·海灵格（Bert Hellinger）著；宋黎辉译. —北京：世界图书出版有限公司北京分公司，2020.8（2023.11重印）

书名原文：An Education for Our Time

ISBN 978-7-5192-4211-4

Ⅰ.①我… Ⅱ.①伯… ②宋… Ⅲ.①家庭教育 Ⅳ.①G78

中国版本图书馆CIP数据核字（2020）第072409号

ERFOLGSGESCHICHTEN IN UNTERNEHMEN UND IM BERUF
All rights reserved.
No part of this book may be reproduced by any process whatsoever without the written permission of the copyright owner.
www.hellinger.com
© Hellinger 2011

书　　名	我们这个时代的教育 WOMEN ZHEGE SHIDAI DE JIAOYU
著　　者	［德］伯特·海灵格（Bert Hellinger）
译　　者	宋黎辉
责任编辑	吴嘉琦　梁沁宁
出版发行	世界图书出版有限公司北京分公司
地　　址	北京市东城区朝内大街137号
邮　　编	100010
电　　话	010-64038355（发行）　64037380（客服）　64033507（总编室）
网　　址	http://www.wpcbj.com.cn
邮　　箱	wpcbjst@vip.163.com
销　　售	新华书店
印　　刷	三河市国英印务有限公司
开　　本	787mm×1092mm　1/16
印　　张	22.5
字　　数	220千字
版　　次	2020年8月第1版
印　　次	2023年11月第2次印刷
国际书号	ISBN 978-7-5192-4211-4
定　　价	68.00元

版权所有　翻印必究
（如发现印装质量问题，请与本公司联系调换）

序　缘何写这本书

这本书把我们带到某些极简单的东西那里，把我们引向一些重要的东西，为孩子、青少年和那些放弃希望的人提供指引。

这本书引领我们走向一个更加广阔的空间，帮助我们超越那些表面上令所有人担忧的事情，尤其是那些关于我们的孩子在走向未来的道路上挣扎和顾虑的事情。这允许所有人深深地呼吸，这些人包括父母、老师、咨询师、向导、孩子，以及我们自己。

我们在这里处理生命中更深层次的问题，这是让许多家长和教育者感到无助的层面，因为我们无法立即领会这些维度的问题。我现在并不是在谈论浅显的动力问题，而是在谈论我们心灵深处发生的事情，比如我们仍然与家族中的某些成员命运相连，某些人仍然通过我们活着。

我在这里思考某些被遗弃的或者早年夭折的孩子的命运。这些孩子还与后来出生的孩子们有着联结，并作为他们的一部分活着，虽然他们早就在另外一个地方存在着，有着另一种未来。

当死者或者被遗弃者通过一系列病症引起我们关注时，就是上述这种情况。他们通过某种方式将后来出生的孩子引向他们，这样他们的生命可以通过活着的人的生命继续。事实上他们需要移到一个领域里，在那里他们从过去被引领向另外一个维度，他们在另一个维度里找到圆满——而不是以初级的存在形式在这里徘徊。在这里，我们超越生命的层面，到达另一个领域，这需要我们有另一种洞察。

这本书把你带入这个敏感和慈悲的层面，只有在这个层面我们才能触碰到我们的痛点，触碰到许多孩子的痛点。我们怀着庄严的态度来面对这些伤痛，并提供治疗。

虽然那些通常被看得很重要的综合素质仍然保持着其重要性，但它们都退移到了背景中。当我们临在于当下，心灵便开始说话，我们的心灵和其他的心灵对话，这是心与心怀着尊敬和爱在进行交流。在这个意义上，这本书是教育者和父母们的指南。除此之外，这还是一本智慧之书，怀着爱和万物融合一致。

我们可以把它当成一本旅行指南来阅读，让它指引我们走向不断向前延伸的生命道路。这本指南会带领我们进入另一种经历。

当你阅读这本书的时候，你可能会思考每一篇的标题。如果哪个标题吸引你，你可以直接去阅读这一篇文字。哪怕只有几行字，这些文字也能让我们的心灵暂歇。

前言

这本书有四个主要篇章。

第一部分介绍了我被引领向这本书的原因。

在第二部分中,你将发现有很多在巴特赖兴哈尔进行的课程案例。这些案例的主题是我们的孩子如何能找到回到父亲那里的道路——通过这些道路,我们能进入圆满的生命。

在第三部分中,我将你们带入灵性的家族系统排列,同时,我也会在这里直达每个人的心,包括正在阅读此书的你们。

在第四部分中,你会看到一个在布拉迪斯拉发进行的课程案例,这是一个特别深刻而圆满的课程。

所有这些章节都聚焦于生命本身的圆满,另一种力量在这个过程中引领我们,这是一种创造性的力量。这个力量可以教会我们如何与它融合一致，教会我们如何发现一个重要的途径。这样，我们就能和孩子和青少年们一起，被引领着进入完整的生命。

目 录

Contents

序　缘何写这本书 / 001
前言 / 003

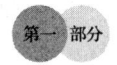

第一部分　介绍 / 001

我们这个时代的儿童教育 / 003

你和我 / 005

良知之声 / 007

我们的声音 / 009

归属 / 010

序位 / 011

局限的归属 / 012

命运 / 014

最初的步伐 / 016

你为我 / 017

我为你 / 019

评判 / 020

反良知 / 022

良知的场域 / 023

教育 / 025

案例：我将留下 / 027

给教育者们的结论 / 029

第二部分 父亲 / 031

通过我们父亲的手 / 033

巴特赖兴哈尔：第一天，第一部分 / 035

    我的父亲和我 / 035

    方法 / 036

    排列：一个满脸络腮胡的男人 / 037

    冥想：母亲 / 040

    问题：胡子 / 040

    排列：担心 / 041

    灵性家族系统排列 / 043

    冥想：另一个层面 / 043

    排列：我为你 / 043

    良知 / 045

    冥想：我将死去 / 046

    超越良知 / 046

冥想：所有的男人成为兄弟 / 047

排列：三个母亲 / 048

拣选 / 049

家族中的序位 / 051

未来 / 052

片刻凝思：心灵和父亲 / 052

巴特赖兴哈尔：第一天，第二部分 / 055

这么多的帮助 / 055

冥想：我们如何变得一样？ / 056

悲伤 / 057

为某人感到遗憾 / 057

外来工作者的孩子 / 058

排列：憎恨 / 059

冥想：我为你 / 062

冥想：另一种意识 / 063

小组练习：我、我的父亲、我的母亲 / 063

排列：再次找到父亲 / 064

获得 / 065

请求你 / 066

灵性 / 067

短暂凝思：教育工作者 / 068

巴特赖兴哈尔：第二天 / 070

英雄 / 070

多重维度的家族系统排列 / 077

良知的场域 / 079

意识的另一个场域 / 079

冥想：光 / 080

起作用的语句 / 081

练习：给孩子们一句话 / 084

找到解决问题的语句 / 084

知识的敌人 / 085

反馈和提问 / 087

善意和恶意的心灵 / 088

排列：朝向死亡的移动 / 090

排列：对父亲的憎恨 / 091

排列：以前 / 092

排列：就是他！/ 094

故事：自由 / 095

同性伴侣关系 / 096

幸运的数字 / 097

片刻凝思：奉献 / 098

全然的奉献 / 100

巴特赖兴哈尔：第三天 / 101

梦境与童话 / 101

兄弟姐妹的序位 / 104

谁归属于家庭？/ 107

谁归属于家庭，谁被排除了？/ 114

问题 / 119

小组交流 / 123

第三部分 另一堂课 / 129

介绍 / 131

巴特赖兴哈尔：第一天 / 133

 通往另一个维度的道路 / 133

 方法 / 134

 父亲，母亲，孩子 / 140

 没有语言的排列 / 143

 反馈和提问 / 145

 排列：死去的朋友 / 147

 片刻凝思：死亡意味着继续 / 154

巴特赖兴哈尔：第二天 / 156

 问题 / 156

 排列：我在笑 / 159

 排列：不 / 168

 排列：人工授精 / 178

 反馈和提问 / 181

 故事：天堂 / 183

 排列：我放弃 / 184

冥想：撤退 / 186

排列：只有我能住在我的房子里 / 187

巴特赖兴哈尔：第三天 / 194

内在的指引 / 194

问题 / 203

排列：我们的家园 / 205

反馈和提问 / 209

伯特·海灵格的发展 / 212

排列：全是白费力气 / 215

反馈和提问 / 217

晚间会议 / 225

巴特赖兴哈尔：第四天 / 232

故事：道路 / 232

排列：我将独自一人 / 234

小组练习：我和我的愧疚 / 235

排列：我留下 / 238

巴特赖兴哈尔：第五天 / 243

反馈和提问 / 243

排列：我们的孩子和谁在一起是安全的？/ 246

排列：最后一个 / 248

排列：伴侣关系 / 251

团体练习 / 255

良知是一切 / 256

伴侣关系：结束 / 262

片刻凝思：重聚 / 264

巴特赖兴哈尔：第六天 / 265

反馈和提问 / 265

第四部分 未来 / 271

布拉迪斯拉发：第一天 / 273

新的家族系统排列 / 273

排列：结束了 / 274

诚挚 / 275

排列：走向未来 / 276

团体动力 / 277

反馈和提问 / 278

其他的家族系统排列 / 280

排列：疾病 / 281

布拉迪斯拉发：第二天 / 288

爱 / 288

反馈和提问 / 294

排列：太晚了 / 298

反馈和提问（一）/ 303

反馈和提问（二）/ 307

排列：现在我往后退 / 311

　　　　　问题 / 314
　　　　　排列：伴侣关系 / 315
　　布拉迪斯拉发：第三天 / 321
　　　　　空性 / 321
　　　　　排列：波兰和德国 / 328
　　　　　问题 / 329
　　　　　告别和感谢 / 337
　　结束的沉思 / 338
　　　　　瞬态 / 338
　　　　　交给你 / 339
　　　　　永恒 / 341
　　联系方式 / 344

第一部分

介绍

我们这个时代的儿童教育

在我们这个时代，儿童教育是灵性的教育。这种教育将我们引入一些领域。在那些领域，洞见如黑夜里灵光乍现的火花，我们仅仅能把握住方向然后迈出下一步。

当父母被一些与当下经历和个人努力相冲突的东西所吸引的时候，这些洞见显得无比真实和重要。因此他们必须在赋予孩子一些东西的时候突然停下来。然而，孩子们也面临着一堵墙，一堵既不允许他们往前看，也不允许他们往后看的墙，他们因此而感到绝望。

那么是什么阻碍着这些孩子，阻碍着他们身边的父母，令他们无法穿越这堵高墙呢？

第一种情况是，他们被束缚住了，被以前的世代和其他已逝生命牵绊住了。这些力量在孩子当下的人生里仍然非常强大，这些逝者好像回到之前的、不完美的人生里，而且认为他们现在的使命是推进和完善那些曾经不完美的人生。

显然，我们无法看到是谁、是什么事情，在对我们进行干扰和介入。

你和我

我们当今教育的成功在于对这些生命维度有了全面的了解，这些生命维度远远超越了我们的日常生活和生命。那么，今天的教育将走向何处？走向一种涵盖一切的意识，走向那些洞见和可能，那些令我们从深陷其中的束缚里被解放出来的洞见和可能。通常我们是从那些区分好与坏的束缚里被解放出来的。然而，最重要的是，这种意识将我们从那一系列的、关于我和你之间的区分里解放出来，从一个人比另一个人更优越的区分里解放出来。

我们的小我始于傲慢，并将我们引向更深的死亡。

那么"你"又是怎么回事？从表面来看，我们正在服务的"你"是谁呢？这个"你"慷慨吗？这个"你"心怀大爱吗？

还是这个"你"最终将服务于自己？这是否因为自己的内在否

定着"你",而让"你"看起来好像需要依靠我们?

  我在这里触及一个决定性的情景,它带来了危及生命的不幸,影响着我们和他人,同时影响我们对孩子的抚育。

良知之声

显然,我们生活在多个不同的世界里。这些不同的世界由不同层次的意识所主宰:这些意识有的在表层,也有的在底层。在抚养孩子的时候,我们中的大部分都处于最肤浅的那个意识层面。肤浅意味着这个意识层面被我们有关好与坏的认识所主宰。更确切地,我们可以说这个世界是被我们的良知之神所主宰的。

在我全面理解有关好与坏的认识的源头之前,整个西方世界都把良知之声视为神圣的上帝之声,而上帝由此介入我们的人生。一方面,这意味着上帝挑选我们,给予我们祝福和永恒的生命,这也是在所谓的天堂分享永恒喜悦的承诺。另一方面,如果我们选择反对的声音,拒绝盲目的服从,我们会感到愧疚,那么我们就会变得没有良知,因为我们冒着被永远惩罚的风险,冒着被放逐到可怕的地狱的风险。

所有的宗教都指向这种良知，也就是关于好与坏的认知。这是所有宗教的基础。那些服从并忠于良知的人将获得拯救。那些起身反抗这种良知的人，将被这种上帝的力量永远驱逐。

所有这一切的想象都是基于我们有关好与坏的认知体验。这些想法，以及伴随这些想法而来的经历，通过广泛的教义占领了整个西方世界。在这些教义里，上帝通过我们关于好与坏的认知直接和我们每个人说话，结果就是我们必须顺从我们良知的声音，无论面临怎样的艰难险阻。

任何人，哪怕是最智慧的智者或者神秘主义者，都无法在我们的良知里逃脱上帝的声音。我们从小被抚养的方式和抚养自己孩子的方式也受到这个良知的影响。

后来，我终于用了六年多的时间，通过一个全面的哲学洞见模式接触了各种形式的关于好与坏的认知。这个方法和它的应用被称为现象学。

这个方法并不区分对与错，也不区分好与坏。所有关于良知所呈现出来的现象，都不带评判地被感知。这意味着，既没有反对，也没有支持。无论我们对良知有着怎样的认知和信仰，它们都并列平等地存在。一切都保持平等，无论偏爱还是恐惧，全都在那里，如其所是地并列存在。

我们的声音

当我们敞开自己，完全地去觉知呈现出来的状况，不带评判，放下个人愿望，没有恐惧，并保持安全的距离之时，会有什么结果呢？

通过完整地体验有关良知的现象和运作，一个直指核心的洞见浮现出来。通过一个直指核心的洞见，良知清晰地自我呈现出来，并且没有自相矛盾之处。

这个基本的洞见是：每一个人都有一个不同于他人的良知。人类的良知根本上是个人声音。同时，每个人都有好几个用来参考的良知。因此我们回应父亲的良知不同于我们回应母亲的良知，我们应对工作和职业、宗教社区、休闲时间时都会有不同的良知。我们在科学中有一个良知，在爱中有另一个良知。

归属

现在你们可能会想知道：对于我们的良知而言，最重要的东西是什么呢？

我们的良知告诉我们，最重要的是我们是否被允许归属，或者我们是否需要害怕失去在那些对我们而言很重要的人和群体那里的归属权。在这个意义上，我们的良知通过和我们对话，来决定任何时候我们归属的权利。在这个层面，看到良知在我们命运中所扮演的角色，我们会发现我们的良知决定着我们归属的权利，或者被排除的命运，也决定着生与死、天堂或者地狱。

序位

良知按照序位决定其判决：谁拥有归属的权利或者谁将被排除？这个选择决定着生与死、天堂或地狱。

通过来自我们所归属群体的赞扬或者责备，我们立刻就能通过我们的良知观察到一个浅显的序位。良知的声音有时候是如此强大，以至于在某些情景下我们宁愿牺牲我们的生命，也不愿失去归属的权利。比如说，在战争中，某些序位是放之四海皆准的，另外一些却是有局限性的。

局限的归属

在一个同时包含很多事情的矛盾中,我们怀着良知以敌对的姿态彼此争斗。这意味着什么?意味着不同的人带着不同的良知,每个人都有一个自己的上帝。

我在这里可以看到我们的良知仅仅被应用于我们的群体内部。因此,每个人、每个群体都被一个不同的良知所统领,并为它服务。

然而,对每个良知而言,终极的、生死攸关的事情,是关于被永远地祝福还是永远地排除这样的事情。

良知总是最重要的事情。因此,我们可以理解我们为何总是把良知和上帝联系在一起。但我们仅仅是将它和属于我们自己的上帝联系在一起,我们相信、听从良知的声音,就是听从我们自己的上帝。与此同时，我们也相信我们的上帝也一定就是别人的上帝。因此，我们觉得自己必须根据自己良知的指示去征服他人。

命运

命运看起来是注定的。然而，这仅仅是从一个角度而言。从另一个角度来看，它似乎是被交付在我们自己手中的。这意味着我们可以改变它，例如在有利的环境中我们可以获得洞见，从而扭转形势。

在某些情况下，命运会限制我们，它以威胁的形式显现，此时我们面对着让我们觉得无助的力量。

因此，在抚养孩子的过程中，我们必须理解并严肃对待我们个人的命运以及那些被托付给我们照顾的孩子的命运，理解有些途径可能在一段时间后引领我们超越命运的局限和险境。这也适用于我们的教育者，以及我们的学生和他们的家长们。

因此教育在这个意义上远远地超越了传递知识以及为成功却

自我局限的人生做准备的功能。命运永远都是共担的命运，一个人的命运总是和许多人的命运交织在一起，最终与所有人的命运交织在一起。因此我们的命运只能以与许多人一起的互助的方式获得改变。这意味着我们只能通过被引领着进入一个更加广阔的意识层面，进入一个超越曾经的局限、包含一切的空间来改变命运。

与之相反，我们和其他人从前的命运将我们拉向某些不完整的东西，如同进入某些旧的束缚。因此，我们必须承载着某些不完整的生命，直到苦难终结，而并没有共同前行。我们必须接受的是，意外或者自杀是这种命运状况的清晰表征。

问题在于：我们是否被允许把这些命运想象为局限且无法逃避的呢？我们是否在另外一个力量的掌控之中呢？我们是否可以和这些引领我们进入另一个知识与能力层面的力量，有一个创造性的联结呢？我们是否能和其他人一起，和那些把自己附着在我们身上的人一起，和这些力量有一个创造性的联结呢？

进一步的问题在于：这条道路是对我们教育者敞开的吗？是谁引领着我们去到那里呢？

最初的步伐

　　我要在这里暂时停一下。我们经常处于随意地进入下一个话题的危险中，而不是让我们的内在展露在这个广阔的空间和这些洞见的结果中，直到他们将我们引领到这个领域的每一个方面，马上觉知并行动。

　　因此，我要提议我们一起迈开最初的步伐，进入一种个人体验。这种体验会带领我们进入我们内在视角的局限。也许我们会惊讶地意识到我们仍然居于什么样的牢笼里，却摸不到那把钥匙，那把可以打开那扇通往某个充满活力的空间的大门钥匙。这种体验会允许我们冒险前行几步，进入一个新的未来，你们准备好了吗？这是有关终极、有关生死的事情。

你为我

　　你是否曾经在你的家庭里看到有某种动力，在这种动力中某人承载着另一个家庭成员，这个家庭成员试图通过这种行为获得他或她自己生命和生存的权利？这个动力会通过一个简短的、不曾说出的语句展示出来。然而这一切可以通过接受者被更加清晰地看到。这句话是一个成人说的，并且通常是指向一个孩子的，有时候也会指向一个成人，一个我们感到与其紧密相连的成人，比如我们的伴侣。

　　这句话说的是："你为我。"比如说："你为我承担我的愧疚。""你为我的愧疚受苦。""你为我承担责任。""你为我承担我的死亡。"最终这句话被清晰而简短地表达出来："你为我死。"也许这句话把你吓了一跳。因为这句话也是一个基本的陈述,是西方宗教的教义。它是每一个偿债的期许背后的教义。然后接下来的回答是:"我为你。"

我为你

　　这句话是一个包含爱的句子。它是一种奇怪的关于爱的语句,一种补偿的爱的语句。

　　这句话总是来自一个依赖者,这个依赖者认为他或她能够通过这个回应拯救其他人。与此同时,这句话也表现出了最大程度的傲慢。我们通过这句话取代了一切生命来源的创造性力量,取代了那个可以引领我们的命运前行得更远的力量的位置。

评判

良知确保我们对赖以生存的群体的归属权,因此我们和这个群体有着深深的联结,如果没有群体的支持,我们就会感到失落。通过良知,我们感到自己和这些力量的联结。我们被它们怜爱,通过它们获得安全感。

我们可以用自己的平衡感来比较良知的角色。通过平衡感,我们可以随时检查自己是否忠诚。没有平衡感,我们会踽踽跟跄,无法直立并独自前行。

因此我们可以将我们的良知和某种直觉做比较。直觉是一种我们和其他动物共同拥有的东西,通过跟随内在冲动,直觉会让我们在对的时间知道对的事情。通过这种方式,动物得以生存和繁衍。

人类有时会吸引其他的动物偏离其直觉,让它们跟随我们认为对它们来说正确的道路。比如说我们在农业领域所见证的各种可怕的尝试结果。而在没有人类活动的地方，我们所经历到的，恰恰与之相反。

我们发现哪怕是那些濒临灭绝的种族——植物、昆虫和动物——也会在直觉的引领下，迅速地迁回原来的区域，再一次繁盛起来。

因此良知作为一种服务于我们生存的直觉，让我们保持在群体内成功生存的基础。它让我们被一种共同的场域所承载和引领，而有别于其他的群体。最重要的是，由于其他的群体会被另一种良知所掌管和引领，所有的群体都彼此不同。

反良知

    我们良知的另外一面是危险的一面。它以同样的方式让我们和我们的群体紧密相连，它迫使我们排斥属于其他良知的群体。
    另一个群体同样为了和他们的良知保持一致而挑战我们的良知，挑战他们群体之外的人的良知。
    因此，如果我们相信我们良知的声音是我们内在的上帝的声音，我们就必须不惜一切代价地去服从它，甚至被它降服，这个想法对我们自己、对其他群体而言都是致命的。
    如果我们继续用充满良知的恐惧和热忱去传递并且跟随良知，那它将是一个多么可怕的上帝之声！

良知的场域

不同的狭隘场域存在着不同的良知。这些场域决定着什么是我们被允许知道和感受的。如果我们偏离它的规定，就会立刻在良知面前感受到愧疚。我们不敢冒失去归属于我们群体的权利的危险。良知令我们失去觉察力和理性。只有我们成功转换到另一个灵性的领域，一个不同灵性场域的领域，我们才能找到勇气和力量，敢于以新的方式去思考，开始新的移动。

另一方面，要求一个归属于另一个良知场域的人，以不同于其他群体成员的方式去思考和行动也是不合逻辑和不公平的。我们可以在几个明显的例子中观察到这一点。

那些被我们从我们的良知的观点出发去控诉和审判的所谓的战争罪犯，也是和我们一样充满良知的。他们当中有人曾忆述过，只要穿上制服或是戴上徽章，他们马上就变成了另一个人。

突然之间，他们带着另一种观点和其他的感受处在了另一个场域里。他们带着良知而变得没有人性，从而犯下他们的罪行。这远远超越了个人，因为它适用于彼此交战的整个国家。从表面上看，他们失去了理智，然而他们会为他们的行为和暴行感到骄傲。只有当他们彼此和解，常常直到他们完全精疲力竭的时候，他们才会幡然悔悟。这时候，他们的这些不同的良知才能融入和其他人相同的良知场域中。

问题在于，他们的好良知去了哪里？现在上帝的声音在哪里？是谁在他们的良知里说话？只有在他们的无能为力里，在他们的良知的无能为力里，我们才能听到上帝的声音。

每一个让我们加入其他人的，而不是导致分离的决定性的进步，唯有通过反对我们过往的良知并让我们和我们一直依赖的群体告别才能成功。

用这样的方式看待事情，进步会是孤独的。它是理性和爱的巅峰成就，是一种无所不容的爱。在这里和平的旗帜被允许去界定一个新的场域。

教育

我们这个时代的教育会带我们去哪里？它会是一种旨在了解不同的良知的力量和重要性的教育吗？它可以引领我们超越他们的界限吗？它能够将良知的对立面留在身后吗？它会有哪些决定性的步伐呢？

这种教育让我们了解那两个具有毁灭性动力的语句："你为我"和"我为你"。第二句通常独立存在。很多时候，我们以为只要牺牲自己便可以拯救另一位家族成员，于是我们在心里对他或她说："我为你。"

在我那本名为《教会和他们的神》的书中，我介绍了这些动力。在宗教和他们概念性的神的场域中，这些动力的范围显现出来。同时，那些所谓的良知的力量也自我显露出来，然后我们看到放弃良知意味着什么。

　　在另一本名为《洞悉孩子的灵魂》的书里，我展示了很多有关我们该如何帮助孩子从"我为你"这个句子的束缚中解脱出来的案例。在这本书里，我将会把教育工作者们带入这个移动。因此这些书形成了一个三部曲，它们彼此补充完整，一起形成一个灵性场域，超越了我们的良知，或者我们迄今为止的认知。

案例：我将留下

柏林有一位老师，他特别照顾那些非常有攻击性的学生，这些学生面临被开除的危险。他给我寄了封信，告诉我他的小儿子现在正处于和那些学生完全一样的境地，并请求我的帮助。

我建议他与妻子和儿子们一起来参加我帮助参会者解决个人或家族问题的课程。他和他的妻子和儿子们来了，我邀请他们坐在我身边。

我看到他的妻子被死亡所牵引。因此我让她站在一群人面前，并让她允许自己被引领进入内在的移动。

过了一会儿，这个女人看着地面，这在家族系统排列中意味着她看着一个吸引着她的死去的人。

我给这个死去的人选了一名代表，并让他离她一定距离仰面躺下。这个女人立刻被他吸引，但我让她站在原地。

过了一会儿，我问她是否知道这个男人是谁。她说这是她第一个想要结婚的伴侣，但是他在一场车祸中去世了。

这个女人显然被他吸引，想要进入死亡。她的小儿子在心灵深处发现了这一点，并在内心对妈妈说："我代替你。"

但这个死去的男人让这个女人了解到他很好，并希望她活下去。女人听到后便从男人那里往后退开。

然后我将小儿子安排在母亲面前。他非常感动，扑向母亲的怀抱。他们轻轻地拥抱。我让女人说："我会留下来。"当她说出来的时候，男孩的眼泪夺眶而出，满怀爱意地依偎在她身边。

我在这时结束排列。所有人都很开心。

给教育者们的结论

在这些案例中,教育者们需要有一种超越他们习惯性思维和行为模式的理解。问题在于:怎样才有机会让他们以一种不同的方法从另一个角度去理解孩子,并让这种理解达到一定的深度呢?

首要的事情是教育者要脚踏实地,不去推断某些超越其服务范围和使命的东西。很多时候,他们只需要去了解背景信息,并且没有试图用超越其位置的方式干预,这样就足够了。

教育者如果熟悉灵性家族系统排列,就可以和一到两个同事一起练习,让一个人代表学生站着,然后跟随内心的感觉而移动。

你将在这本书里看到众多案例,这些案例将展示这些方法。通过他们的帮助,我们将对另一个领域敞开自己,同时,我们也能为教育者的场域注入另一种智慧和喜悦。

第二部分

父亲

通过我们父亲的手

如果我们把目标定得太高，我们如何能回到真实生命的地面上来？

父亲能把我们带回来。他总是必须面对现实的人生。唯有如此，家庭的生计方才得以保证。至少过去是这样。

那些在成长过程中没有父亲陪伴的儿子们会怎么样呢？这些孩子们会留在地面上吗？还是因为母亲更多关注他们而不是关注父亲，而变得很骄傲？

如果儿子停留在母亲的领域中，并且按照母亲期待的方式往上攀登，那么他仍然能与地球保持一致并服务于她吗？儿子是否经常会感到与他人失去联结呢？其他人也仍然那样看待他们吗？他们真正的力量在哪里呢？

这时的问题是：我们在哪里找到另一种意义，并且留在这种意识里呢？这是一种引领我们与整体保持一致的意识，它让我们可以不去对抗任何人或事，并与一切融合一致。我们与父亲在一起，在他的身边我们便能找到通往这种意识的道路。

如果我们观察基督教，以及仍然以男性为主导的天主教，我们能看到父亲的位置吗？母亲占据了未婚男人的位置，把父亲推入背景中了吗？我们只需要想想玛利亚是如何被崇拜的，以及独身者是如何最终与之相连的，就可知道在这类宗教里，父亲只是作为父亲之神存在，作为一个不以母亲为伴侣的父亲存在，因此那里没有真正的父亲。真正的父亲在他们身边的位置非常小，或者这个父亲之神有一个妻子，一个母亲之神。在我们的经验里，教会便是他的妻子。

我们如何在基督教会里，回到父亲那里？我们如何从天堂返回，如何从高高的天上回到地面？

母亲们会怎么样呢？她们也会和父亲们和儿子们一起回到地面。

那么地球会怎么样呢？这种回归会如何影响她的意识呢？意识变得更少了吗？还是变得更多了？这种意识将带来融合，并且不再分离吗？它是否会留在低处，与万物同在？

巴特赖兴哈尔：第一天，第一部分

这是2013年在巴特赖兴哈尔进行的一个课程的案例：第一天，第一部分。

我的父亲和我

这是一个关于父亲、母亲和孩子的课程。我作为一个男人坐在这里，我的妻子索菲也坐在我的身边。我要说的大部分是我们自己已经发现的。

我曾在香港的一个课程中有过一段特别的经历。课程中，我让参会者两人一组参加练习。在这个练习中每个人都站在他们父亲的对面。在开始之前我先为大家展示了这个练习，在展示时，我让索菲代表我的父亲。这个展示帮助我找到了回归父亲的道路。我用了那么多年才找到他。这个练习改变了我。在我的那本《教会和他们的神》里我写了一段致辞。从那以后，我就有了很大的改变。现在我也会带领你们去到那里。

闭上你们的眼睛。想象在你的面前站着你的父亲和母亲。你的父亲站在什么位置？也许他站在一旁？他被排除了吗？也许他甚至在我们的感觉里也被排除了？

我们看着他，看着他站着的地方，然后我们感知到我们的心灵。我们还欠缺什么才能进入圆满呢？我们看着我们的父亲并对他说："请回来吧！"

我们在我们的内心和内在力量里感知这个影响。有些东西已经在我们的心灵和力量里改变了。我们对父亲说一句话，这句话就是："请求你。"

在你的心灵和力量里，是否已经有些东西不一样了呢？

方法

我要说些有关方法的东西。这是一个基础课程，一个给那些想要应用家族系统排列的人的培训课程。因此我会进行实际操作，向你们详细展示有关如何进行排列的知识。当然我们永远不会只看到父亲，我们总是会看到母亲和孩子们与他在一起。这是一个包含一切的课程，它会让所有家庭成员同时感觉良好。你们同意吗？

和往常一样，我会问有谁想要来认真了解一下和父亲有关的东西。然后我会选人，一个或一些人会到这里来，坐在我身边。因此如果你愿意的话就请举手。

海灵格选了一个满脸都是络腮胡的男人。

海灵格：你是一个人来的吗？

男人：是的。

海灵格：坐到这里来。

排列：一个满脸络腮胡的男人

海灵格（对大家）：我在这里也用灵性的方式来工作，一会儿你们就会看到那是什么了。

海灵格（对这个男人）：闭上眼睛，在内心对你的父亲说，"亲爱的爸爸，我们俩，终于"。

男人：终于。

海灵格选了一个人代表这个男人的父亲并让这个男人站到代表的对面。

海灵格：你跟随内在的感觉移动。

过了一会儿，海灵格选了另外三个男人，并让他们站在"父亲"的后面。

海灵格（对这三个人）：你们是他父亲身后的祖辈们。

海灵格（对大家）：你们有没有留意到，当祖辈们在身后的时候，他父亲的身体突然挺直了。一个男人只能通过他的父辈成为一个男人。

案主摇晃着身体，张开双臂慢慢地走向"父亲"。他的"父亲"将他拉近并轻抚他的背。案主将头放在他"父亲"的胸前并痛苦地抽泣。过了一会儿，他挺直了背。"父亲"和儿子看着彼此的眼睛。

同时"祖辈们"中的一个向前弯下腰，并看向地面。案主和他的"父亲"转向"父辈们"，挽着彼此的胳膊。

海灵格（对案主）：在他们面前跪下。

案主在"祖辈们"面前跪下，向他们磕头并对他们伸出手。他自己的"父亲"跪在他身边。

过了一会儿，案主抬起头来，看着"祖辈们"的眼睛。他的"父亲"也跪了下来并向"祖辈们"磕头。"祖辈们"中的第一个也跪了下来。"祖辈们"中的第二个也跪了下来。案主的"父亲"到第二个"祖辈"那里，用手抱着他的膝盖。这个"祖辈"叹气，然后大声地喊叫，躺倒在地，案主的"父亲"扶住了他。这个"祖辈"仍然喊叫着，踢打着双腿，同时案主的"父亲"紧紧地抱住他，深深地弯下腰，这时另一个"祖辈"也跪了下来。

海灵格选了一个女性代表上来，并让她站到一定距离之外，看着这些男人。

海灵格：你代表案主的母亲。

第二个"祖辈"仍然在喊叫，过了一会儿他平静下来，案主的"父亲"仍然抱着他。

海灵格：感谢你们所有人。

海灵格（对"母亲"）：请继续站在那里。

海灵格（对案主）：站在她的对面，告诉她，"我的位置在别处"。

过了一会儿。

海灵格（对案主）：现在转过身去，往前迈一步，再迈一步。

海灵格（对"母亲"）：告诉他，"你的位置在那边"。

"母亲"：你的位置在那边。

过了一会儿。

海灵格：好吧。

海灵格（对"母亲"）：谢谢。

海灵格（对案主）：你坐到我旁边来，你现在怎么样？

案主：我很感动，我感觉还好。

海灵格（对案主）：现在你有些重要的事情要做，你得剃胡子了。祝福你。

海灵格（对大家）：我的建议是直指核心的。我想要对此说点什么。

童话：狼和七个孩子

有个名叫"狼和七个孩子"的童话故事。狼代表被母亲排除在外的父亲。在这个童话中，母亲的意图是什么呢？她想要利用孩子杀了父亲。因此父亲（狼）必须伪装自己，只有这样他才能靠近他的孩子们。真正的父亲是用胡须伪装着的。

因此案主的胡须必须被剃掉，马上剃！

这是一个培训课程，因此我必须做一点解释。无论什么时候，一个满脸胡子的人来到我这里，我马上就知道：他是被禁止走向父亲的。

我们在这里可以看到，案主和其父亲也是同样的情形。案主的父亲也被拒绝了，孩子不被允许走向父亲。

因为这是一个非常巧妙的童话。真相被掩盖了，但最终会显现出来。童话中，母亲尝试和孩子们一起杀了狼，而这是代表他们杀害了父亲。

童话故事以一种让我们忘了真相的方式被讲述出来。这个童话故事让你想到了什么呢？那个藏在钟盒里的孩子。

这是这个童话狡猾的地方。显而易见的解决方案是：把胡子剃了。这样一来，他对父亲的拒绝也就没了。

海灵格（对案主）：我已经看到你将会享受剃掉胡须这件事。你将会拥有非常不同的人际关系。尤其是你和男性的关系会有所不同。我刚刚和你一起做的正是这个培训的一部分。

冥想：母亲

现在再次闭上你的眼睛。

我们来看着我们的母亲，对她说："父亲一直在我的心里活着，你也是，但只能和他一起，你们两个一起活在我的心里。"

问题：胡子

海灵格（对大家）：你们感觉怎么样？你们已经和所有的父亲

融合了吗？还有相关的问题吗？

海灵格（对一个男人）：好吧，到这里来。

男人：我有个有关胡须的问题。在有些灵性团体中，男人们全都满脸胡子。这种群体中的人也有同样的动力吗？

海灵格：有各式各样的场域，有灵性的场域，也有国家的场域。我所参照的是西方的场域，在西方场域中的确是这种情况。在另外的场域则会有所不同。

排列：担心

女人：我的问题是，当母亲担心的时候，她在担心什么呢？

海灵格：我会在这里多说几句。只要一个母亲开始担心孩子，她就是想要这个孩子死。在担心背后是一个谋杀的愿望。当一个担心儿子的母亲来到你面前的时候，她是想要他死。

这同样适用于父亲。我不是指关心孩子，很好地照顾孩子，这个是不一样的。我是指担心一个孩子。他们是想要孩子死，他们在等待孩子死去。你可以通过自己的想法来测试这个理论。闭上眼睛，如果你担心某个孩子，感受你的内在，如果这个孩子死了，你的感觉是更好还是更糟呢？然后秘密就会显露出来。

现在想象当你和你的伴侣一起看着这个孩子的时候会发生什么？有什么东西改变了吗？这个孩子被允许活下来了吗？对于孩子能活下来你感到开心吗？

海灵格（对女人）：我已经解答了你的问题吗？

女人：也许吧。

海灵格（对大家）：她有些抗拒。

海灵格让一个男人站在她对面，这个男人躲避她并往后退。

海灵格（对大家）：我们可以看到这个男人怕她。正是如此。好吧，这样就够了。

海灵格（对女人）：你有丈夫吗？

女人：没有。

海灵格：这个往后退的男人很开心。

女人：是的。

海灵格：你能感觉到自己有多危险吗？

女人：是的！我不知道该如何是好。

海灵格：我已经向你展示了一个办法。但我会再多做一点。请再次站到那里去。

海灵格选了一个男人，并让他站在她的对面，与她隔着一定的距离。

海灵格（对男人）：你是她的父亲。

女人开始大声哭泣并看着地面。

海灵格选了一个女人并让她站到"父亲"身边。

海灵格（对女人）：你是她的母亲。

"母亲"站到了"父亲"的身后。她躲着女儿。

海灵格（对大家）：我们在这里可以看到什么呢？没有父亲，便会连母亲也一起失去。

灵性家族系统排列

我已经向你们展示了灵性家族系统排列。因此，我已经将那些想要学习和应用这个的人领入了另外一个维度，一个超越了好与坏的层面。我可以在这个层面完全依赖代表们的移动。我不需要提问，事情会直接显现出来。

冥想：另一个层面

再次闭上眼睛，想象我们被引领着进入这个层面。我们被引领着，渺小而谦卑。我们可以像学习某种职业技能一样来学习家族系统排列吗？或者，我们是否被指引着超越了某些过去的东西，在喜悦中超越了它们？

排列：我为你

海灵格：我们继续进行实践。正如我们在这里所见的一样，现在我们来看看更广义的有关父亲的话题。有谁想参与吗？

海灵格选了一个女人并让她坐在旁边。

海灵格：在开始之前我必须和这个人步调一致，我在等待提示，然后很快它就来了，不需要我进行询问。

海灵格选了一个代表，并让他站在大家前面。

男人摇晃身体看着地面。他身体前倾,手臂抱着膝盖。

海灵格选了一个女人代表案主,并让她站在男人的对面。女人摇晃着身体,跪了下来。同时男人也跪了下来。女人右手捂着前额,看着地面,站了起来。然后她又跪了下来,移向男人,她对他伸出一只手并继续看着地面。男人也看着地面。

海灵格选了一个人代表案主的母亲,并让她和其他人站在一起。

"母亲"走上前来,两腿分开站立,双手在身后交叉。

女人站起来,从男人身边撤退,站在一定距离之外,靠近"母亲"的身边。她右手指着跪在地上的男人。

"母亲"一会儿看着远方,一会儿看着地面,然后慢慢转向左边。

海灵格选了另一个女性代表,并让她躺在"母亲"面前的地上。

海灵格(对大家):这个女人的母亲看着地面。在家族系统排列中,无论她看的是谁,这意味着她看的是一个死去的人。

"母亲"看着这个代表,她现在双手从身后挪到前面,交叉放在腹部。"母亲"和这个代表彼此凝望,然后跪在她身边。

海灵格(对大家):看着母亲的姿势,我们可以看到那是一个被堕掉的孩子。

过了一会儿,"母亲"轻抚着地上的女人。同时"案主"也在男人身后跪下。她迅速地看了看母亲,然后用双手捂住眼睛,接着她跪在男人身边。最后,男人站了起来。

海灵格(对大家):解决方案是什么呢?是谁干预了这个母亲

和死去的女人之间的关系呢?

海灵格(对案主):是你。

海灵格(对女性代表):你怎么样了?

代表:我感到被排除了。

海灵格:从哪里被排除了?从死亡那里。

海灵格(对案主):我在这里停下来。

海灵格(对大家):我想到一句奇怪的话。"帮助"意味着什么?我可以说吗?很多情况下,帮助都意味着死亡!

过了一会儿。

海灵格:如果是由我们主动进行的话,心理治疗意义上的"帮助"意味着走向死亡。通过家族系统排列的帮助也是一样,同样是在走向死亡。

良知

我想说明一下这个话题。在我们的关系中有一个基本的动力。我们特别容易在孩子那里看到这些动力,当然也可以在我们自己这里看到这些动力。这些动力可以追溯到童年。在我们的心里有一句话:"我为你。"我们可以在这里看到,"我为你"很清楚地意味着"我会为你死"。

这是一个充满良知的动力,它意味着:"怀着良知,我为你而死。如果我为你死了,就能让你活下来。"

冥想：我将死去

闭上眼睛，感受你的内在。你会为了谁而准备赴死？你会在内心对谁说"我为你"？比如说，"我会为你生病，这样你就可以好起来了"。但这只是表层的。这后面隐藏的一句话是，"我将死去"。

但有的时候孩子会逃跑，于是我们会用另一句话来让自己逃离死亡。

这句话是："你为我。"

比如一个母亲或者一个父亲会对孩子说这句话，或者丈夫会对妻子说，妻子也会对丈夫说。然后他们回答："好，我将为你而死。"

在这个意义上，家族系统排列会变得危险，帮助会变得危险。

现在我们对另一个人说另外一句话："我为我自己"和"你为你自己"。

你们能感受到不同的力量吗？我们周围发生了什么变化？现在正义在哪里？傲慢在哪里？评判在哪里？胜利在哪里？我们的父亲又怎么样了呢？

超越良知

我曾经有过一段感人的经历。我在加拿大遇到一位印第安酋长，他名叫威廉·卡马达。我拜访了他，他也参加了我的课程。他告诉我，在他们的语言里，根本没有正义这个词。这意味着什么呢？意味着他们并没有被我们称为良知的东西。我问他，如果有人把别人杀了怎么办？

我们经常会为了重建平衡而即刻做出反应。如何在我们的脑中重建平衡呢？让另一个人死。这就是我们的公平正义。

在马拉松事件发生之后，波士顿的人们在呼吁什么呢？他们呼吁判凶手死刑。我们和他们的反应一样，没有区别。

但是印第安人会如何反应呢？受害者的家人会如何反应呢？他们会领养杀人犯。

冥想：所有的男人成为兄弟

闭上眼睛。有谁在等待我们来收养？德国要收养多少杀人犯？俄罗斯要收养多少杀人犯？还有巴西呢？

现在我们允许自己敞开心灵。对什么敞开呢？对一个来自另一个意识的移动敞开，超越正义。

正如我们现在超越正义看着我们的父亲和母亲。看着那些我们曾经伤害过，甚至杀害过的人。我们领养他们，他们和我们完全一样，我们也和他们完全一样。

现在我的心里响起了贝多芬第五交响曲（命运）：

上帝的杰作，绽放绚丽的华彩

天堂的儿女，我们一起

在天国的喜悦中，沉醉

圣殿里，所有人类

连为手足

我现在看到了什么呢？什么也没有，除了圣洁的人。

排列：三个母亲

关于这一点大家还有问题吗？如果有请举手。

海灵格选了一个举手的人，让他坐在自己身边。

海灵格：最简单的方法是问一个你个人关心的问题。

男人：在我周围有三个不停地在担心的母亲。

海灵格：哪些母亲？

男人：我的母亲、我儿子的母亲，还有我母亲的母亲。

海灵格（对大家）：我们可以想象这对他来说会是什么样。

海灵格（对男人）：正如你所见，我关心男人，关心你和你的儿子。

这个男人点了点头，他很感动。

海灵格：你熟悉家族系统排列吗？

男人：熟悉。

海灵格：那么你可以代表自己吗？还是我为你选一个代表？

男人：我可以试试。

海灵格：请站到那里去。

海灵格（对大家）：我还需要一个人代表他儿子。

海灵格（对男人）：你儿子多大了？

男人：十岁。

父亲和"儿子"隔着一定距离面对面站着。"儿子"看着地面。

海灵格：告诉他，"你太小了，做不了这件事"。

男人：你太小了，做不了这件事。

"儿子"释然地叹气，看着父亲，笑了。父亲也笑了。

海灵格：如果父亲承担起自己的角色，儿子就会茁壮成长。我们在这里结束。

大家都笑了。

海灵格（对大家）：现在男人处境艰难。这和女人的优越权有关。但我们的权利不应该凌驾于他人的权利之上。每个人都有平等的权利。我现在不想对此说太多。

拣选

海灵格（对下一个想提问的女人）：来，坐这儿吧。

女人：为什么对我来说憎恨要比谋杀来得容易？

海灵格：这两件事是一样的。

女人：为什么是一样的？

海灵格：闭上眼睛，对某个人说，"我是大人物"。

过了一会儿。

海灵格：你来自以色列吗？

女人：是的。

海灵格：我想谈谈以色列，可以吗？

女人点了点头。

海灵格：我要在这里讲的东西是意义深远的。但这里没有罪犯。我将从另一个层面来讲这些东西。

我对圣经非常了解。在三个父亲的生命中，有几件非常重要的事情。

第一个是亚伯拉罕。他和一个女仆有了第一个儿子。然后他又和萨娃有了另一个儿子。萨娃命令他把第一个儿子扔到沙漠里，他照做了。

现在我们在家族系统排列中有一个发现，即在兄弟姐妹中是有序位的。这意味着第一个孩子是第一位的，第二个则是第二位的。

在这里亚伯拉罕拒绝了第一个孩子。无论出于何种目的和意图，他处死了他，选择了第二个孩子。

这是关于这个被拣选的孩子的故事。

上帝对亚伯拉罕说："带着你的儿子，你唯一的、深爱的儿子，把他带到山上，我会告诉你山在哪里，然后在那里把他献给我！"亚伯拉罕愿意这样做，也愿意杀了他的第二个儿子。这个故事太可怕了，不是吗？

我们在这里看到被拣选真正意味着什么：我作为第二个出生的孩子被放在第一位，或者我作为第二个出生的孩子占据了第一的位置。这是宗教意义上的被拣选的意思，就像我们可以清楚地在亚伯拉罕的后代身上观察到的一样，我们也可以在我们的家庭中观察到这一点。

拣选意味着一个后来出生的孩子被放在了第一位，他捍卫着并不属于他的位置。如今，这一切还在继续。亚伯拉罕的第一个孩子的后代是谁？是阿拉伯人。第二个孩子的后代是以色列人。两者的冲突可以追溯到这个久远的源头。

海灵格：我回答了你的问题吗？

女人：好吧，如果是这样的话。

海灵格：所有的冲突都是这样的，所有大的冲突都是这样的。

家族中的序位

现在的问题是：我们家族中的序位是怎样的呢？这里有一种解释。

是谁先来到这个家的？是父亲还是母亲？是父亲先来的。这和平权一点关系也没有。这只关乎序位。

你们还在听吗？我是不是扯得太远了？现在我来讲些非常实际的东西，即女人跟随男人。我会更详细地解释这一点。

当一个女人和来自另一个国家、另一种文化的男人结婚，那么此处的序位就是女人跟随男人。她跟随他进入他的国家、他的文化、他的语言，甚至他的宗教。在以色列，男人必须跟随女人，在那里序位是颠倒的。为什么呢？我无法解释。这只是一个纯粹的观察。很多人不认可这一点。

我们这个时代的教育

但这句话还有下半部分：男人必须服务于女人，而不是引领女人。当他留在自己的场域里的时候，他只能去服务。这意味着他和自己的根相连。

闭上眼睛，让这些话沉入你的内在，并感知它们给你带来的影响。我已经解释了一些有关家族系统排列的重要东西。当你面对丈夫和妻子来自不同国家和场域的案例的时候，你需要了解这些。

未来

第三个提问者：如果我让别人帮我堕胎，这个人会怎么样呢？

海灵格：我之前做过一个相关的排列，有关一个在医院做过很多堕胎手术的医生的家庭。我选了很多人代表这些被"杀掉"的孩子，站在医生及其家人面前。他的孩子全都被那些孩子所牵引。这就是堕胎的影响。

我们会发现自己为此感到愧疚和自责。但这不是解决问题之道。我排列出了这个男人，并在他的旁边排出了未来。他们携手前行，这是另一个层面的解决之道。

片刻凝思：心灵和父亲

我们不断地将身体和心灵区分开，经常在某种意义上认为身体服务于心灵，心灵更高、更优越。因此我们经常忽略身体，把自己拔高到身体之上，甚至反对身体。比如通过否定身体的需求，冒着失去健康的危险，去挑战超越身体本能的目标，甚至超越体能极限，牺牲生命。

当我们谈到意识的时候，情况也是类似的，尤其是涉及我们的更高意识时。我们因此而将自己置于高于身体的位置，高于一切通过创造性的自我更新和创伤疗愈来服务于生存的东西。与身体的灵性成就相比，我们的心灵中有什么会比它如其所是的样子更伟大、更具有创新力呢？是自我否定吗？还是在这样的否定中出现的许多灵性道路或宗教？它们的灵性去哪儿了呢？更高的、涵盖一切的意识会怎么样？地球的意识又会怎么样呢？还有在这一切之内的心灵呢？宗教又意味着什么呢？

回到原初，回到地球，回到最初让一切存在的力量，难道这不是一个了不起的进步吗？不然我们会在哪里呢？这个世界会有多么不同呢？爱会有何不同呢？我们对地球的爱，对生命的爱，会变得有何不同呢？

看着心灵，看着一个无所不容的意识，一个我们很少关注的意识，我现在想要把你们的注意力引向一个画面，这是一个有关父亲的重要性的画面。

父亲不仅仅是一个男人。因此我所说的父亲一定不是站在和女人对立的位置的，因为这个父亲是母亲的另一面。

母亲倾向于把孩子拉向自己这边，尤其是儿子，这样会使儿子远离父亲。她这是把儿子从哪里剥离过来了呢？她将他从地球以及地球的身体里剥离了。因此，她是用最直接的方式，将孩子从创造性的心灵中剥离了，从这个无时无刻不在支撑着地球、支撑着地球上赖以生存的一切生命的心灵中剥离了。正如我们大部分人所想象的一样，这个心灵与地球以及在地球上繁荣发展的一切对立。从这个意义上而言，我们宁愿把这个心灵看作超越地球以及地球上一切存在的东西。因此，许多人，尤其是宗教信徒，把这个心灵看作是居于地球与身体之上的，认为它存在于一种所谓的超自然的层面。这个想法的一切结果在我们对地球和身体的态度上呈现出来。

这和我们谈论某种更高意识时类似，这是另一种未来的意识，超越我们那所谓的过时的狭隘意识。母亲把儿子拉向自己，拒绝父亲，企图让儿子为那更高的召唤做好准备，儿子们便开始寻求这样的道路。然而父亲毕竟服务于孩子们和他们的母亲，需要确保他们的生存安全，他必须把一切其他事情都放在一边，除了继续服务于地球、服务于地球的成长以外，别无选择。因此父亲抛弃地球不是变得可以理解了吗？

他抛弃地球以及地球上的生命，就好像这些是次要的，甚至是最不重要的。从这个角度而言，地球以及依托其生存的生命的未来在哪里呢？在哪一种态度，哪一种意识那里呢？我们如何找到这另一种爱？另一种怀着不同责任意识的行动在哪里呢？这种我们可以在自己身上和我们身处的世界里都能直接体验到的、不断拯救并疗愈着我们的心灵，我们在哪里可以找到它呢？

在这里我们也许会问：我们在哪里找到上帝？我们在哪里以及如何能用一种无所不容的方式，体验自己的灵性和宗教性？我们如何能回到这种灵性的意识？答案是：我们通过与自己的父亲融合，才能找到灵性的归路。

巴特赖兴哈尔：第一天，第二部分

这是2013年在巴特赖兴哈尔进行的一个课程的案例：第一天，第二部分。

这么多的帮助

海灵格（对第一个案主）：检验一下内在，看看你的问题是否重要，你是想要走得更远，还是想要找到一个理由去拒绝某种东西？

案主：我想它很重要。

海灵格：好的，我只是问问。检查一下总是好的，有些人的问题只是在为自己不去做必须要做的事情找理由。

案主：我想重新平衡我过去给他人带来烦恼的帮助。

海灵格：我也可以问我自己这个问题。当我这样做的时候，我觉得自己比一个更强大的力量还要强大。关于这一点我有个重要的洞见，但我不知道我是否可以说出来。我们活在自己所犯的错误中，其他人也一样。唯有通过这些弯路，我们才能到达另一个觉知层面，我们的问题也在这另一个层面得到解决。无论如何最终都是一样的，因为我们都在另一个力量的手中，这对其他人来说也都是一样的。想象一下，如果没有犯这些错误，你会有多少力量呢？

案主：没有这些错误，我的力量会大很多，真的。我的帮助令大部分力量都流失了。

海灵格：看起来是这样的。但对其他人而言，那是必须的，也是改变的动因。我心里浮现一句格言，"天堂里没有进步"。

大家笑。

海灵格：我表达出了你的感受吗？你也有同感吗？

案主：是的。

海灵格：那么这样可以了吗？祝福你。

海灵格（对大家）：完美是无聊的。这适用于一切背后的那个富有创造性的力量。

冥想：我们如何变得一样？

闭上你们的眼睛。我们来想象有一个富有创造力的力量，在如其所是的一切背后发生作用,我们通过我们的错误来膜拜这个力量。然后在我们身上会发生什么呢?我们就和他人变得一样了。

悲伤

海灵格(对第二个案主):好的,现在轮到你了。

案主:我最近感到一种深深的悲伤。我不知道该怎么办。

海灵格:闭上眼睛并在内心对某人说,"我看到你的悲伤,还有你的伟大"。你现在感觉怎么样?

案主:现在变得光明了。

海灵格:好的,祝福你。

为某人感到遗憾

为某人感到遗憾是一种自以为是的表现。想象一下,当其他人向我们寻求帮助的时候,我们把那当作一件严肃的事情时会发生什么呢?我最近在波尔扎诺有一门课程,我在那里用一种灵性的方法工作,不想要什么或者做任何事情。有一个女人在不停地用脚踩地,充满了愤怒。后来我问她:"这一刻你和谁在一起会感到开心呢?你在用这种攻击嘲笑谁呢?"她说:"很多人。"我又问:"有多少人因为你的攻击行为而嘲笑过你?"她又说:"很多人。"问题是:有多少我们为其感到遗憾的人嘲笑过我们呢?这让很多事情都颠倒了。但这不是没有意义的，一切都有其位置。

外来工作者的孩子

（"外来工作者"这个词是指来自除德国以外其他欧盟成员国的人，他们比那些长期或者永久居住在德国的人的工作机会要少。）

第三个案主：我有个问题。我留意到我的自我力量有问题。我已经和您一起做过很多练习了，我心里一次又一次地出现一个想法：我是一个典型的外来工作者的孩子。

海灵格：一个外来工作者的孩子？你和你的父母来自哪个国家？

案主：来自葡萄牙。

排列：我会回来

海灵格：站到那里，我需要另一个男人来当代表。

海灵格选了一个男人并让他站到案主对面。

海灵格（对男代表）：你代表葡萄牙。

很明显，这个男人也代表了父亲。

过了一会儿。

海灵格（对大家）：现在让我们来看看，这两个人哪一个大，哪一个小。

海灵格（对案主）：对葡萄牙的代表说，"我会回来"。

案主：我会回来。

葡萄牙的代表微笑并点头。

海灵格（对案主）：对他说，"亲爱的父亲，我会回来"。

案主：亲爱的父亲，我会回来。

案主一动不动地站了很久。然后他迈着微小的步伐走向"葡萄牙"。

海灵格选了一个女人代表案主的母亲。她站在了男代表的旁边。

海灵格（对女代表）：对"葡萄牙"说，"亲爱的父亲，我会回来"。

"母亲"和"葡萄牙（父亲）"彼此凝视了很久。

过了一会儿。

海灵格（对大家）：现在谁更大？谁还留在自己的位置上？谁保持着他的力量？

海灵格（对案主）：足够清晰了吗？

案主：我不确定。

海灵格：那么你将继续感到迷茫，在德国感到迷茫。我已经展示出来了。祝福你。

排列：憎恨

现在我要再次和某个与父亲有矛盾的人来一起工作。

海灵格选了一个男人并让他把眼镜摘掉。

海灵格（对大家）：案主戴不戴眼镜会有很大的不同。现在我看他非常不一样了。

现在我在这里

海灵格（对案主）：闭上眼睛，在心里对某个人说，"现在我在这里"。

海灵格（对大家）：你们也可以说这句话，在心里对某个人说，"现在我在这里"。

我时不时地在心里说的这些话，是我被赋予的。这些话不是只是对某个人说的，同样也是对所有人说的，对所有其他人说的。

"现在我在这里。"

还有一句话，父亲可以对母亲说，女人也可以对丈夫说，那就是："只有你！"

憎恨

海灵格（对案主）：你感觉如何？

案主：我感到自己对父亲的憎恨。我还感到……

海灵格：这是我需要的全部了。你对你的父亲怀恨在心。再次闭上眼睛并对某个人说，"我为你，即使这会让我牺牲我的性命和你的性命"。

海灵格（对大家）：当他带着仇恨说这句话时，我心里已经感觉到他多大了。他有多大呢？6岁。多么美好的小家伙。

过了一会儿。

海灵格（对案主）：就站在那里。

海灵格选了一个代表，让他站在案主的对面，与案主隔着一定的距离。

海灵格（对两人）：跟随你们内在的移动而移动，注意不要刻意地移动。

海灵格（对案主）：你是一个六岁的孩子。

海灵格（对代表）：你是他的父亲。

案主往后退到一边。"父亲"高高地举起手，身体严重地往后倾，因此他有往后摔倒的危险。

海灵格选了一个人代表祖父，并让他自己找一个感觉恰当的位置和其他人站在一起。这个男人过了一会儿便躺倒在地上。他左手向外伸出，右手放在胸口上，深深地吸气并叹气。

案主的"父亲"仍然一动不动。随后他转过身看向一边。案主跪倒在地。

海灵格选了一个女人代表案主的母亲，并让她自己找一个感觉恰当的位置和其他人站在一起。她站在了"祖父"的旁边。

海灵格（对女代表）：对你的儿子说，"你为我"。

案主的"祖父"转过身去。"母亲"也转过身，但她转向了另一边。

海灵格（对案主）：此处的爱在哪里呢？

海灵格（指着"父亲"）：只有那里！

海灵格（对案主）：那么憎恨又在哪里呢？

案主指着自己的胸膛。

海灵格（对案主）：你无法被拯救。

过了一会儿。

海灵格（对案主）：经过这样的僭越之后，你无法被拯救。

案主点头。

海灵格（对案主）：好的，就这样吧。

海灵格（对代表们）：感谢你们。

海灵格（对大家）：这对我们的工作而言意味着什么呢？我们允许这个灾难一如往常一般按照其轨迹发生，没有任何的遗憾。伟大的力量靠自己就能发生作用，不需要依靠我们。

冥想：我为你

闭上你们的眼睛。

现在我们感觉到自己在内心深处对某人说："我为你。"然后，在这句看似充满爱的话语背后，我们感知到憎恨。

当耶稣、圣人，以及因为爱为他人而死的烈士们说"我为你"时，是多么可怕啊！这对于那掌握我们所有人于其手中的创造性力量来说，是多么大的僭越！

我发现我自己在一条去神化的道路上。我要回到一个祖先那里。我要回到亚伯拉罕身边。他横穿埃及或者那个方向的某个地方。他在那里遇到了危险。他做了什么呢？他献出了他的妻子。但那个带走他妻子的人认为这样不对，然后将她还了回来。

那么那个女人当时做了什么呢？她的爱怎么办呢？然后他献出

了他的长子和次子。他准备好了要杀了他的儿子。据说上帝再次干预了，并让他的儿子活了下来。

冥想：另一种意识

现在再次闭上眼睛。我们扪心自问：在哪种情况下，我们会愿意牺牲自己的孩子或者伴侣，以便自己变得更好？在我们这个时代有哪些相似的情形呢？我们陷入了什么样的泥潭了呢？这是一种什么样的泥潭呢？这是一个良知的泥潭："你为我"和"我为你"。这总是生死攸关，尤其是关乎死亡。

现在，在座的我们是否没有良知？没有良知也同样是傲慢的。

这关于向另一个良知过渡，进入一个光明的意识，进入一个谦逊的意识。我们所有地面上的人，都在同一个层面。然后会有一个喜悦的火花浮现。

你们怎么样？仍然和我在一起吗？

小组练习：我、我的父亲、我的母亲

是时候让你们做些练习去亲身体验了。你们愿意吗？我们三人一组，一个是想为自己做些什么的人，这个人的对面是父亲的代表，父亲旁边是母亲的代表。

男人能代表母亲，女人也能代表父亲。在这个层面，没有差别。

我会简要地展示该怎么做。你代表父亲，我是案主，他（她）代表母亲。我只看着"父亲"。而作为父亲的你，也看着我，没有移动。我们看着彼此的眼睛。"母亲"可以移动，但不能干预，不要触碰任何人。"母亲"允许自己像在排列中一样被引领。这个练习进行15分钟。此后我会宣布大家交换身份继续体验。然后我们再来看看接下来要去哪里。好的，开始！

排列：再次找到父亲

第一个案主：我感到了对父亲深深的怀念。我在他的眼睛里寻找他对我的爱。在一瞬间我意识到我也在和我的丈夫做同样的事情。我在他眼里寻求肯定，寻求他的爱，就好像他并不爱我一样。这对我真是一个意外的发现。在那个瞬间我变成了一个小女孩。

海灵格：很好。我会再把这个排出来。谁是"父亲"？站到那里，谁是"母亲"？站在那里。

他们面对面站着，没有移动。

过了一会儿，海灵格选了另一个男人，并让他站在母亲的对面。母亲随之往后退。海灵格选了一个女人代表案主的外祖母。他让她站在自己感觉恰当的位置。

"外祖母"走向案主，但案主远离她往后退。"父亲"走向案主，但她退开了，离得远远的，然后她跪了下来。"父亲"想要看着"母亲"，但她继续站着，转身离开他。

父亲　第二部分

海灵格（对大家）：我们现在能做什么呢？我们必须让父亲面对母亲。我们来看，这在每一代人中都是一样的。父亲这一角色在所有地方都会有所缺失，但他们不是坏人。

海灵格（对案主）：但有些人很幸运。

海灵格：是时候举办这样一个课程了。是时候了！我现在只能提供这个课程，但是我已经找到了通往我自己的父亲的道路了，在这么多年之后才找到。

获得

第二个案主：我扮演着母亲的角色，当女儿看着她的父亲时，我很反感。我的感觉是她必须看着我，然后我再来决定她是否要去她的父亲那里。最终我明白了，我现在对他保持中立。然后我平静下来，这对我来说非常困难。我的女儿是我的一切。一旦我同意了，我突然就能看到我的丈夫了。我明白了，现在我和他在一起。他也对我保持中立的态度。我知道如果我朝他走近一步，他就会转向我。那非常好，感觉很舒服。

我的问题是，他是否转向我是否取决于我的力量？如果我试着让他转向我，是否又过分放大了自己？

海灵格：我来告诉你一些东西。我的妻子索菲和我在西班牙做了一个排列——母亲、父亲和孩子。这个排列清楚地显示，孩子一旦出生，一个女人就完成了她最重要的任务。然后父亲进入角色，他引领孩子进入这个世界。母亲现在感觉如何呢？她失去了丈夫还是获得了丈夫？她失去了孩子还是得到了孩子？

案主深深地感动并哭泣。

海灵格：那么你现在怎么样了呢？你失去了丈夫还是得到了丈夫？

案主笑着点头。

案主：感谢你。

海灵格：他们都是平等的。我最近在米兰做了一个排列，一个女人和她的丈夫出了一点问题。我对她说，她应该对她的丈夫说，"你更好"。她做了之后感觉不错。

然后我让她说，"我们是平等的"。只有在她承认了丈夫的尊严之后，她才能对他说这句话。这个练习带来很多光明。它自然而来，因为它深植于一个伟大的移动之中。一切都在地面上。

请求你

第三个案主：当我看着我的父亲，我突然感到一种深深的渴望。然后我想到一句话，它不停地回荡在我耳边。当我的母亲来到我面前并坐在我身边时，就会发生这样的事。我看着父亲，那些想法总是在我的脑海里盘旋：为什么我不被允许看着他？为什么我一定不能看他？我一直都有这种感觉。我想念他。我的问题是，我怎样才能到他那里去呢？

海灵格：闭上眼睛，看着你的母亲并对她说，"请求你"。

海灵格：你现在感觉怎么样？

案主：我现在平静了许多。

灵性

海灵格：我要告诉你们一些有关灵性的东西。

灵性是怎么回事呢？那些灵性大师们是怎么回事呢？那些伟大的大师们呢？是谁迷失了呢？

他们都没有母亲，都没有！灵性意味着，我没有母亲。这就是灵性。大师们都没有妻子。问题在于，我们如何找到走向父亲的道路？我们和母亲一起找到那条道路，只有和母亲一起。这就是我所说的三合一。三合一就代表：母亲、父亲和孩子，一起走向幸福！

我们在这里看到的是母亲阻挡了孩子走向父亲的道路。为什么呢？因为她也不能去到她自己的父亲那里。这里没有坏人。这仅仅是因为他们所有人都对他们的父亲有强烈的渴望。

现在闭上眼睛。通过这种方式，我们看到我们的母亲以及她对她的父亲的渴望，然后看到外祖母对她父亲的渴望。就这样一直看到往后许多代。

这个存在于一切背后的原初的力量作为父亲来展示它自己，作为我们地球上的父亲来展示他自己。

过了一会儿。

海灵格（对案主）：你现在感觉如何？

案主：很好。

海灵格（对案主）：好的，祝福你。

案主以笑容来表达感激。

海灵格（对大家）：这是我们工作坊的第一天。结果是什么？很多父亲的脸都在发光。

短暂凝思：教育工作者

目前为止我已经带领你们超越了常规的教育，进入了一个超越日常视野的空间，一个隐藏的、深奥的空间。在常规的教育里，我们被带离那个与他人生活在一起的欢乐世界，转而走向那些阻挡我们成功的想法和行为，因为我们隐秘的想法是要去死而不是活下去。

通过家族系统排列，我们可以进入这些层面。这些层面以令人惊讶的方式显露出来，并且向我们展示新的选择和信心。目前展现的一切，将教育者和父母带回他们的父亲那里。从他们身上产生了面对完整人生以及决定成功的力量。

我让你们关注那些基本的洞见和选择，这会让你们对这些洞见和选择所扮演的角色产生更深刻的理解，会让你们在一个美好的表达中，找回曾经的喜悦——教育之爱。通过我们的父亲，我们以一种全面的方式来体验这种爱，这种喜悦的关怀。这是一种来自外界的爱的关注，超越了家庭的范围。它旨在提高我们的能力和成就。因此教育呈现为以男性为主导，尤其是对男孩而言。

教育者知道他所代表的是父亲，他应该主要和父亲一起谈论学生的问题。因此他代表的是孩子的父亲和父亲的权威。

然而，他也来自一个同样拥有"你为我"和"我为你"这两个句子的家庭。这本书中的例子帮助他超越这些句子，以比通常的纪律程序更深入的方式理解有困难的学生。因此，这本书里记录的案例，将一种更深刻的理解和爱，传递给了教育者和他们的学生家长们。

巴特赖兴哈尔：第二天

这是2013年在巴特赖兴哈尔进行的一个课程的案例：第二天。

英雄

案主：这是关于我儿子的父亲的问题。我应该尊重他，但这对我很难。

海灵格：那么儿子就会报复你。

案主：现在的问题是，我能做什么呢？我知道该怎么做，但我的心做不到。

海灵格：生活是你自己所创造的。母亲常常给孩子带来不幸。

海灵格（对大家）：昨晚我想到一些与这件事相关的事情。英雄是服务于他的母亲的。母亲也为她们的英雄而感到自豪。那些与他们的父亲相连的人则服务于生命。英雄的母亲会说什么呢？你在跟你儿子说什么？我该告诉你吗？你说的是，"我是你的上帝！"我记得，在战争中，当传来士兵的死亡通知时，签署死亡通知单的人总是女人，因为男人都上战场了——她们以不幸为荣。

那些赛车选手或者跳台滑雪运动员，他们在为谁而冒生命危险呢？总是为了母亲。现在是父亲再次出场的时候了。以何种方式呢？以拯救生命的方式。

海灵格（对案主）：明白了吗？

母亲和父亲一起

案主：我不太明白，当你说"没有母亲，就没有父亲"时，你指的是什么呢？

海灵格：我们只能有和母亲在一起的父亲，因此我们无法孤立他们。母亲站在孩子的一边，父亲站在孩子的另一边。

案主：在一起是什么意思？我不知道，我不理解这句话。

海灵格：意思是，在心里，他们在一起。

案主：在孩子的心里吗？

海灵格：在你的心里。

案主：这很难。

海灵格：如果距离很远就会很难。那些做到这一点的人会容光焕发，正如你现在熠熠生辉的样子。明白了吗？

案主点头，并将一只手放在她的胸口。

案主：我很喜欢这个说法，给男人一个位置，因为实际上就是这样，就是他先迈出的第一步。

海灵格：是的，男人向女人求爱，这是第一步。然后第二步来自女人。第三步就是幸福。明白了吗？

案主：我深受感动，现在我想知道我能做什么，好让孩子们能回到父亲那里。父亲总是很担心孩子们，当孩子们离开以后他想自杀。现在，他身患重病已经三年了。

排列：男人

海灵格选了两个人来代表案主的丈夫和丈夫的父亲。他让他们隔着一定距离，面对面站着。"丈夫"往后退，远离了他的"父亲"。

海灵格选了一个人代表丈夫的母亲。她站在一边，"丈夫"从她身边往后退得更远了。"母亲"靠着"父亲"，把他从他们的儿子身边推开。"父亲"和"母亲"两人转身离开儿子，"母亲"仍然靠着"父亲"的胸膛。案主的"丈夫"慢慢地朝他的"父母"走去，并靠着"父亲"的胸膛。

过了一会儿，"父亲"离开"母亲"，并将她往后推向"丈夫"。"母亲"用背靠着"丈夫"。"父亲"转身离开，将他们留在身后。

"母亲"仍然用力地靠着"丈夫"并闭上了眼睛。然后她用右手从"丈夫"身后搂住他的脖子，目光越过"丈夫"，看着前方。

过了一会儿。

海灵格（对母亲）：对这两个男人说，"我是你们的上帝"。

母亲：我是你们的上帝。

"母亲"将手从"丈夫"身上拿开，"丈夫"从后面将她往前推向"父亲"，"父亲"转身离开。

海灵格走到"丈夫"那里，让他从"母亲"身边离开，这样她就站在了两个男人之间。她转向了"父亲"。"丈夫"再次往后退了几步，离"母亲"更近了。

海灵格（对丈夫）：在内心对你的母亲说，"你的天堂是地狱"。

海灵格（对案主）：我们在这里什么也做不了。

海灵格（对代表们）：感谢你们所有人。

冥想：希望

海灵格（对案主）：闭上眼睛。

案主哭泣。

海灵格（对大家）：你们也闭上眼睛。

过了一会儿。

海灵格：但丁有一首著名的史诗——《神曲》。

在《神曲》中有着这样的描写：有一个入口，在入口的上方有一段题词，"让所有进入的人抛弃一切希望"。这个入口是通往地狱的。但在现实中，这句话写在通往天堂的大门之上。

过了一会儿。

海灵格：我们在地球上的父亲……

排列继续

海灵格（对案主）：现在你站在那里。

过了一会儿，海灵格选了一个人代表案主的父亲并让他站在她的对面。

案主痛苦地抽泣。然后她走到她的"父亲"那里。他们轻轻地拥抱。案主大声地哭泣。然后他们看着彼此的眼睛，随后"父亲"往后退了一点。

海灵格选了一个人代表案主的儿子并让他和其他人站在一起。他站在了案主和案主的"父亲"的对面，与他们隔着一定距离。他们转向他。

"儿子"大声地哭泣，双手捂着脸并想要趴在地上。案主走到他那里，尽可能地抱住他。她的手松开了一点，然后他就趴在了地上。"儿子"仍然用手捂着脸。

海灵格让案主的丈夫的代表回来，并让他站在他们身边。他站在了"儿子"的另外一边，面对着案主。他们手拉着手。"儿子"躺倒在他们之间。案主的"父亲"站在她身后，将一只手放在了她的背后。案主看着她的"丈夫"，但他一动不动。

"儿子"躺倒在地上，仍然用手捂着脸。案主现在站在了"丈夫"的身边，他们都看着他们的"儿子"。案主拉着"丈夫"的手，同时"儿子"已经完全躺倒在地上了，一只手仍然捂着脸。"父亲"走到他跟前，但"儿子"转过身去，滚落到了台下。

海灵格选了一个人代表丈夫的母亲，她站在了"丈夫"的身后，"丈夫"靠着她。

同时,案主走到了她"父亲"那里。"父亲"从她身后抱着她,同时看着她的"丈夫"和"丈夫的母亲"。

"母亲"站在"丈夫"的面前,但他看都没看她一眼就挪开了。他们两个都往远离对方的方向后退,然后又朝着彼此前进。她伸出双手。他朝她移动,但并没有看她。

案主和她的"父亲"看着她的"儿子","儿子"仍然躺在台下。然后案主的"丈夫"从他"母亲"身边移开并看着案主。

"儿子"用力跺脚。"丈夫"很快走到他那里,但又撤了回来。案主走到"儿子"那里,但"儿子"很快地从她身边挪开了。"儿子"再次上台,在台上的另外一边躺下。"丈夫"摇晃得很厉害,案主抱住了他。然后,"丈夫"慢慢地走向案主的"父亲",他们彼此凝望了很久。案主的"父亲"看了看地面,丈夫随之再次往后退。

许多男人

海灵格:现在我要选一些男人。

海灵格挑选了7个男人。

海灵格:你们站在那里,站在你们感觉被吸引的地方。

这些男人在台上分散地站着。过了一会儿,案主的"儿子"也和他们站在了一起。

同时,案主的"父亲"把手放在了案主的"丈夫"的脸上。"丈夫"痛哭,然后把头靠在"父亲"的头上。案主的"儿子"站起身来,他被深深地感动了。

"丈夫"转向其他男人，朝着"儿子"的方向走去。他一边哭泣一边走向其中一个男人，然后是另一个男人，最后他来到"儿子"面前，双手抓住他的肩膀。"儿子"朝"丈夫"微笑，然后他看着肩并肩站着的"父亲"和案主。

海灵格（对儿子）：对你的母亲说，"我在这里是小的"。

儿子：我在这里是小的。

"丈夫"将一只手放在"儿子"的背上。案主也走了过去，她也把手放在"儿子"的背上。"儿子"低下头，头靠在"丈夫"左边的肩上。他们彼此拥抱着哭泣，并保持了很长时间。

过了一会儿。

海灵格（对代表们）：感谢你们所有人。

海灵格（对案主）：你现在感觉怎么样了？

案主：我的背一直有点问题，但我现在发现这个问题没有了。很显然，这是一种很严重的疾病。我非常感激您。从在墨西哥的时候我就一直梦想能够让您帮忙做这样一个排列。您是一个伟大的导师。我也想感谢指引我丈夫的力量，我并不理解，但事情就是这样。感谢你。

海灵格：祝福你。

海灵格（对大家）：我也不能理解。我只是允许自己被引领。当我不知道该如何走下去的时候，洞见就来临了。这个拯救的恩赐来自许多男人。他们回到了很久以前，很多代以前。

这就是通过灵性的家族系统排列源源不断显现的东西。并没有分离的个体，我们每一个人同时也都是许多人。我们必须离开我们通常活动的狭窄区域。

海灵格（对儿子）：你做得很好，因为胡须没有了，你变成另一个人了（这个代表前天还有满脸的络腮胡）。

大家大声地笑了。

海灵格：我可以全然依靠你，真正地依靠你们每个人，所有在这里参与的人。

海灵格（对大家）：现在我要和你们一起来做个排列。

冥想：许多男人

闭上眼睛。

想象一下很多和你有联结的男人围成一个圈，也许他们是很多代以前的男人。你站在这个圈子的中心，看着他们。

你在内心对他们说："请求你。"

然后，你允许事情如其所是地发生。

安宁从哪里来呢？从父亲那里来，总体来说是从男人那里来。

家族的安宁从何而来呢？从父亲们那里来。

现在我们对他们说："是的。"

多重维度的家族系统排列

现在我们继续。我想要回到上一个排列。那是一个多重维度的排列。它超越了这个女人的个人体验。多重维度意味着这个排列向许多维度扩展，进入了过去的维度。

这说明了什么呢？我们每一个人都根植于多重的维度之中，那么那些来自更早以前维度的人又会如何呢？

这些都是我们早期生活中的自己，我们也与以前的时间相连，也与那些和我们以某种特殊方式相连的人仍然保持联结，现在也仍然如此。我该告诉你们所有这一切吗？

很显然，在我们之前有很多世代。我们也根植于更早以前的事物。那些移动的很多方面都表现得好像还没有完结。它们的确没有完结。

这里我想用哲学的方式来说。真理是无限的，这意味着我们也是无限的。很多以前世代的使命都等待着我们来完成。

比如说，我们无法通过自杀完成任何事情。那些试图自杀的人，到头来还是必须重新来过。那些觉得死亡是出路的人最终会发现那根本毫无帮助。事实恰恰相反，下一个生命的开始已经确定。因此，我们所知的心理治疗，或者是我们所知的家族系统排列，都不能从根本上解决问题。我们只是把某些东西推迟了。

那些去看心理治疗师并且获得治疗的人必须问问自己：后来怎么样了呢？这对整个事件链和生命链有所帮助吗？

如果我们曾经帮助过某人，我们收获了什么呢？这个人从长远来看更好了吗？我把这些问题提出来。

但是现在，仍然有其他的维度的现实，甚至有很多维度。我要继续吗？

（大家口头同意继续。）

良知的场域

我们被良知束缚在现实中。良知是一个灵性的场域，有着严格的好与坏的界限，这是一个非常窄的边界。

良知判定什么是我们可以知道的。如果我们想要明白规定以外的其他事物或者更多，我们就会倒霉。一旦离开这个良知的场域，我们就会感到迷失。结果就是我们会一次次回到这个良知的场域，重复回到原点。因此，这种良知对我们而言是一种死亡，它阻挡了进一步的发展。每一个神都只是一种良知的神，并没有创造性的神会奖赏或者惩罚我们。显然，我们的良知会确保我们的平安（或者只是看上去平安）。

这里所发生的事在某种程度上是多重维度的：在这个良知的场域中，过去以多重复合的方式回到现在。我在这里所说的是危险的，也许会让伟大的教堂轰然倒塌。良知是一种意识场域，它奴役着整个世界。

意识的另一个场域

现在，有另一个场域超越了我们的意识，超越了好与坏、健康与疾病。这是另一个空间的意识。

问题是：我们如何超越好与坏然后进入这个空间？我在这里所展示的多维空间，引领着我们超越了良知的界限。这个空间里没有计划。这是一个宇宙的创造性移动，引领我们超越意识的界限。我自己在这里并没有做什么，一切都按照其自身的轨迹发展，并被其他力量所引领。我该继续吗？

在另外这个空间里，没有忠诚，没有义务。我们不需要对任何人忠诚，甚至不需要对父母忠诚。我们在另一个空间里，但我们并没有高高在上，相反，我们就在地面上。我们变得平等，超越良知。这是和平与喜悦的空间，这里没有罪恶，没有奖赏，没有惩罚，一切只是如是地存在，在圆满里存在。

现在闭上你们的眼睛。

冥想：光

我们被带入一个空间，我们无法带着好的意愿进入这个空间。

我们被引领，就像在排列中代表们被引领一样。然而，他们都触碰了界限。

现在，我们等待一束光，一束遥远的光，它就像近在眼前一样闪耀。

如同遥远的太阳，她的光芒如此强大，好像就在身边一样。

然后我们可能会感觉到一个内在的指引。

一旦我们偏离这束光，偏离这个指引，我们的身体就会立刻产生反应，它会让我们停下来。

每一声抱怨，每一种疾病，每一次担忧，反映的都是同一个讯息："停下，不要再往前了！"

然后我们暂时停下来，继续等待一个来自他处的指引。

当我们掌握了第一步，我们突然就恢复了元气。

我们再次感到开阔，在新洞见的指引下，我们知道了下一步该怎么做。

这一步有两个方面，一面是让我们留在过去，另一面则让我们踏入未来。

这意味着当另一面允许我们跨入未来，我们就要完全地放下过去，完全地跨入未来。

这一步既是告别，又是成就。

但一次只跨出去一步就够了，不要太多。

然后我们再次停下等待，直到我们再次被指引到另一个空间。

这是一个与一切都合而为一的空间。

在这个空间里我们体验到自己的永恒。

永恒者不知道过去和未来，一切都在里面。

起作用的语句

是的，这是一个培训课程。我们也有一个关于另一个维度的训练，更确切地说，是一个体验。我会来展示它。

比如说，当有人来到我身边，我不需要提问。有时候我会问浅显的东西，但我不需要问。我并没有寻找任何东西，我只是在那里，然后我让自己平静下来。有时候我收到一句给这个人的话，给这个希望从我这里获得某种东西的人。这句话来自外界，当我说出来的时候，这个人身上就会发生某些变化，但这些变化不仅仅只是发生在这个人身上，同样也发生在在座的所有人身上。

这个启示是普遍性的，不是个人的，而且也是一份礼物。当我们进入这个空间，它便被赋予了我们每一个人。我想要来展示这一点，这样你们就会对此有感觉。如果你们和某人工作，也许你在等待这样的语句。如果我们担心某个孩子，我们也可以等待这样的语句。我们放走所有的担心并且等待，然后这样一句话就会突然到来。有时候仅仅只是感知到它就已经足够了，然后我们的感觉也随之改变了。

案例：有两个孩子的父母

海灵格（对两个孩子的父母）：和其中一个孩子一起到这里来。

海灵格（对母亲）：和孩子一起坐在这里。

你看着这个孩子，正如你现在做的那样。我等待一句话，一句你可以在心里对孩子说的话。

我们也可以把父亲和另一个孩子包括进来，然后我们马上就包括了你们所有人。

海灵格（对大家）：我马上看到这两个孩子有不同的命运。我们怀着爱为这个家庭平静下来。

过了一会儿。

海灵格（对抱着小一点的孩子的父亲）：现在你闭上眼睛，在心里对某人说，"请来吧"。

海灵格（对大家）：你们也在心里重复这句话，"请来吧"。

海灵格（对父亲）：我要补充一点。你对这个不知道是谁的人说，"请接手这个孩子"。

过了一会儿。

海灵格（对父亲）：现在，请看着这个孩子。

过了一会儿。

海灵格（对父亲）：现在，请看着年长的孩子，闭上眼睛并在心里对这个孩子说，"你也是"。

过了一会儿。

海灵格（对父亲）：再说一句，"你先来"。

海灵格（对母亲）：你也在心里说，"你先来"。

过了一会儿。

海灵格：再次睁开眼睛。

海灵格选了一个女人做代表，并让她站在年长的孩子的身后，年长的孩子正被母亲抱着坐在她的在腿上。

海灵格（对代表）：跟随内在的移动而移动。

这个女人慢慢地走到一边，然后走到母亲的身后，她将手放在母亲的肩膀上。母亲开始哭泣，并且将头靠在这个女人的胸前。年长的孩子转向了她。

过了一会儿，母亲看着这个之前很不安的孩子，并将他紧紧地搂在怀里。同时，代表回到了自己的位置。

海灵格（对父母）：祝福你们和你们的孩子。

练习：给孩子们一句话

现在请闭上眼睛。你看着一个孩子，一个你自己的孩子或者属于你的场域的孩子，然后看着这个孩子的身后，等待一句给这个孩子的话或者短语。这个句子马上就会来。

你们做完这个练习之后感觉如何？你们感到放松了吗？

找到解决问题的语句

海灵格选了一个男人并让他坐在旁边。

海灵格（对男人）：闭上眼睛。

海灵格（对大家）：我在等是否能收到一个给他的启示。

过了一会儿。

海灵格：我收到了一句话。

海灵格（对男人）：你继续闭着眼睛，我来告诉你这句话，然后你要允许它对你工作。

海灵格（对大家）：这句话是给你们所有人的，你们也可以闭上眼睛，当我说出这句话时，你要让它对你起作用。这句话是"我很幸运能拥有你"。

过了一会儿。

海灵格：我们不要把这句话告诉任何人，我们只是允许它工作。

海灵格（对男人）：祝福你。

海灵格（对大家）：你们进行得如何？通往另一个层面的道路

敞开了吗？一个新开始，多么惬意的人生！我们不需要寻找，它就在我们面前。我们通过等待来到这个层面，急于求成会关闭通往这个层面的路径。

这是一个将我们引领到另一个层面的新奇课程。我从你的脸上看到祝福在这里发生了作用。多么轻盈，多么幸福！我们被引领到一个让我感到惊喜的地方。我就像你们一样对这个新的层面完全敞开胸怀。我只是有更多的经历，也因此有了另一种信任。但是你们跟随而来，这很美妙。然后你们也让我觉得很轻松。代表们以一种美妙的方式被引领着，父母们被引领着，孩子们也被引领着。

这个层面是一个灵性的层面。这意味着我们成了"灵媒"，被另外一种力量所引领。这需要我们等待，然后对一个突然的洞见敞开，之后我们需要立刻行动。

没有疑问，行动。

知识的敌人

我想说说我们曾学习的某些特定的东西，比如说某些疗愈方法。我们去一个大师那里学了些东西，结果会怎样呢？我们会在他或她的场域中移动。这会危及进一步的发展。

海灵格（对着一个男人）：比如说你。你是这种方法的牺牲者。因此你从我这里什么也接受不到。塔塔·卡丘拉·唐璜在他的书里对认知的敌人做出了精妙的描述。我应该告诉你们认知的四大敌人是什么吗？

恐惧

认知的第一个敌人是恐惧。最大的恐惧是关于别人会怎么说我的恐惧。这是认知的终点，因为一旦我开始留意别人对我的评判，属于自己的认知就结束了。

我在很久以前战胜了这个敌人。这是认知的第一个敌人。那些战胜了这个敌人的人已经想得很明白了。他们不需要被别人的评判所占据，因此他们心智清澈。

清晰

清晰是第二个敌人。比如说很多人学习了家族系统排列，并了解了它是如何工作的。他们得到了清晰的东西，但是接着他们就站着不动了，再也没有进一步的发展了。我还要继续吗？有些人传授清晰的东西。他们教授学生，确切地告诉学生该如何进行。但是接下来他们教的东西就变成了一套理论和方法，然后就变得停滞不前了，再也没有进一步的发展。

那些战胜了清晰的人，会得到进一步的发展，他们因此而获得力量。

权力

权力是认知的下一个敌人。那些因为自己的工作而收费很高的人，获得了权力和追随者。然后他们建立学校来传授这些方法，就成了大师。这是认知的下一个敌人。我在这方面有个经历。一个来自美国的朋友和他的太太一起来拜访我。他的太太是一个电影制片人,她和意大利一位著名的电影制片人一起在西藏工作。我在交谈中告诉她:所有的大师都是堕落的。她认识很多大师,然后她思考了一下,说:"对,是这样的。"那么所有进一步的认知都结束了。我想我已经超越了这个敌人。

休息的需要

现在到了最后一个敌人。我也超越了这个敌人,因为这是对养老和休息的需求,而我仍然享受工作。

海灵格(对着一个男人):你面前仍然还有些敌人,一些认知的敌人。

反馈和提问

海灵格:现在我要来继续。还有人对今天早上发生的一切有补充和提问的吗?

"你挑战不了我"

案主:在今天早上的练习中,我们看着我们自己的孩子。我的女儿得到了一个很好的词,但到儿子的时候却出现了一个关于疾病的词。

海灵格:他生病了吗?

案主:没有。

海灵格:这个词是什么?

案主:"癌症"。

海灵格:这是你的恐惧。如果你害怕他会得病,也许意味着你对他的态度是,"你为我"。闭上眼睛,在你心里对疾病说,你根本挑战不了我。

海灵格(对大家):你们也可以对自己说。

案主笑了。

海灵格(对大家):我们已经看到她的改变了。

海灵格(对案主):明白了吗?

案主:是的,谢谢!

善意和恶意的灵魂

海灵格(对一个来自俄罗斯的案主):我们认识了很久了,有多少年了?

案主:11年了。

海灵格:我很高兴你和你太太又到这里来了。

案主:我们该如何处理那些住在我们心里的灵魂,从而既有利于他们又有利于我们自己?

海灵格:这是一个根本的问题。那些灵魂吸引了我们的注意力,有些是善意的灵魂,也有些是想要伤害我们的灵魂。那些有害的灵魂想要把我们拖到他们那局限的空间里去,我们可以在脚底感受到他们。在头顶的上方,我们可以感受到那些善意的灵魂。问题是,我们该如何处理他们,尤其重要的是该如何处理那些来自下面的灵魂，那些想要把我们往下拉的灵魂？

海灵格（对大家）：现在我要和他一起做个练习，你们也可以加入。

练习：光芒

闭上你们的眼睛。现在，请你们用内在的眼睛观看，看进一个伟大的空间，那里有一束明亮的光芒。你们被一个移动所带领着。它来自身后，将你往前轻推。你允许它这样做，让它带领着你。你被带离那些不能与你一起同行的事物，把它们留在身后。然后你把它们往后推，不是恶意的推搡，你只是把它们推回属于它们的空间。

然后它们自己找到回归另一种力量的道路。它们自力更生，不再依赖你，然后它们也将释然。

你放下一切，继续前行。很好。我也把另一些好的力量留在了身后，留在了一个创造性的移动里，一切都在那里，一切都从那里而来。那些想帮助我的人——我现在要说的话很大胆——我也把他们留在那里。然后我独自一人在这里。

在今天早上的练习中，我想象了同样的情景。有那么多的代表，我把他们统统都留在了身后，然后我们进入了一个幸福的空间。

明白了吗？现在我汇集了我们所有的岁月。祝福你和你的妻子。

另一种意识

海灵格（对大家）：我对他所做的，使用的是通往另一种意识道路的方法。

闭上你们的眼睛。

现在我们分开来做这件事，针对每个人各自的担忧来做这件事。这里的担忧包括对自己的担忧，也包括对他人的担忧。我们看着远方的光芒。我们感到自己被这束光芒所吸引，被这束巨大的光芒带走，进入一种有如空性的轻盈境界之中。所有灵性的东西都是轻盈的、上扬的、漂浮的、没有界限的。

这是一个基础课程，我已经和你们一起尝试了很多东西，我已经带着你们进入了一个创造性的移动中，这个移动将无法被阻挡，一直继续下去。

排列：朝向死亡的移动

案主：当我冥想的时候，我感到我的身体被往前推。我感到这个动力来自我的背后，在我身体的上方。这个动力占据了我的身体。

海灵格：这个来自你身后的移动是男性还是女性？

案主：是男性，我有一种我快要往前摔倒的感觉。

海灵格：我来测试一下。

海灵格选了一个女性代表案主，然后选了一个男人和一个女人。

男人和女人并排站着，大概相隔6米。案主站在他们的对面。

案主看向地面。海灵格让一个女人躺在她面前的地上。

过了一会儿。

海灵格（对案主）：看看移动朝向哪里？

案主：朝下。

海灵格：那是朝向死亡。

他们彼此对望了很长时间。

海灵格：所谓的灵性移动是危险的。

案主点头。

海灵格：远离了生命。

案主点头。

海灵格：好的，这就是答案。

排列：对父亲的憎恨

案主：我的问题是和昨天的排列相关的，可以吗？

海灵格：可以。

案主：我和那个憎恨父亲的人有类似的感受。我的父亲在十年前去世了。他在去世前患了癌症。在他被确诊癌症之前，我心中有憎恨父亲的感觉。我们之间经常会进行激烈地争吵。

海灵格：好吧。站在那里。我需要一个人来代表他的父亲。

海灵格选了那个昨天说恨父亲的男人。那个排列中止了，因为当时对于这个男人来说没有解决方案。

那个男人看上去完全改变了。

海灵格（对男人）：那个中止的排列伤害你了吗？我很高兴你如此美妙地进入爱的境界。

作为父亲的代表，男人深深地呼吸并哭泣。他大大地张开双手迎接案主，案主迈着微小的步伐走向他。案主把头靠在"父亲"的胸前并哭泣。"父亲"把他拉得更近，抱着"儿子"的头抽泣。"儿子"的双手仍然垂在两侧。

过了一会儿，"儿子"站直身体。"父亲"和"儿子"头顶着头。"父亲"仍然在抽泣，然后他把"儿子"拉得更近了，他托着"儿子"的头，把脸靠在"儿子"的脸上，不停地抽泣。

"父亲"松开一只手放在"儿子"的肩膀上。"儿子"站直了身体。他们开始摇晃。

过了一会儿，"儿子"拥抱"父亲"，紧紧握着他的手。

海灵格：好的。

案主和男人都默默地回到了他们的座位上。

排列：以前

案主：我想问些有关以前的东西。当我还是个孩子的时候我就一直做梦，梦见我是个"灵媒"。

海灵格：这样的梦境会引起恐惧，但我们要认真对待它们。所以你要认真对待这个梦，并对它说是，然后你就不再自由了。"灵媒"是没有自由的，这没什么不好。"灵媒"是在做来自另一个地方的服务工作。"灵媒"闭着眼睛行走在这个世界上,被另一个地方的力量所引领。

案主开始哭泣。

海灵格(对案主):站到那里去。

海灵格选择了一个代表,让她站在案主的对面。

海灵格:那些让我们做他们的"灵媒"的人有时候是有名字的。但他们自己也是另一个力量的"灵媒"。

案主缓缓地走向另外这个女人。过了一会儿,她迅速地往回看了一眼。她靠近这个女人,站在她身边。她们握着彼此的手,相视而笑。然后她们头碰头,手掌对手掌。案主哭了。

过了一会儿,案主转过身,背靠着另外这个女人。这个女人则用一只手从背后搂着案主,并将她轻轻往前推。

海灵格选了第二个代表上台,代表一个死去的女人,并让她与案主隔着一定距离,仰面躺在地上。

案主看了看第一个代表,然后慢慢地走向"死去的女人"。她在"死去的女人"面前跪下,对她伸出一只手。她们彼此凝望。

海灵格(对案主):对她说,"过段时间"。

案主:过段时间。

案主放下"死去的女人"的手。"死去的女人"把头转向一边。案主看着第一个代表。然后她起身,慢慢地往后退,站在第一个代表身边。她们搂着对方。

过了一会儿。

海灵格:好了。

排列：就是他！

案主：我来到这个工作坊是因为我和我的父亲没有联系了。在我家，男人总是被排斥在外。我明白这是我一生都没能和某个男人建立成功的关系的重要原因之一。在今天的冥想里，你说，"想象你是一个孩子，在你的周围是许许多多来自你的家庭的男人"。我看到了所有的男人都站在那里，憎恨我。他们想杀了我，想用刀子捅死我。为什么会这样呢？

海灵格：我会来展示一些东西，所以我需要六个男人做代表。

海灵格挑选了六个男人上台，让他们并肩站着。

海灵格：现在我还需要另外九个代表，男人和女人都要。你们上来，代表死去的人，随意地躺在地上。

案主开始哭泣。

海灵格（对案主）：你站在这里并看那边。看那边！看着那里，只是看着不要移动。

案主深呼吸并抽泣。

海灵格（对案主）：你现在看起来大约6岁。现在你变大些了，7岁、8岁、9岁、10岁，11、12、13、14。现在握紧你的拳头，15、16、17……

案主坐直了身体。她摇摇头，看着男人们。

海灵格：是的，18岁了，再继续长大一点儿。

过了一会儿。

海灵格（对案主）：告诉他们，"我可能会喜欢你们其中一个人"。

案主：我可能会喜欢你们其中一个人。

海灵格：现在你去那里，越过死者到他们那里。

她穿越死者的区域，站在一个年轻男人面前并拥抱他。年轻男人转向她，温柔地回抱她。

海灵格：就是他。

所有人包括案主都大声地笑了。

海灵格：好的，感谢所有代表。

故事：自由

我给你们讲一个小故事。

一个学生问大师：请告诉我什么是自由。

大师：哪种自由？

第一种自由是愚昧。这就像一匹马把骑马的人往后甩，它不停地嘶鸣，没有意识到这样会使骑马的人把它拽得更紧。

第二种自由是遗憾。这就像船已经坏了，可舵手还继续留在船上，而不愿坐上救生艇。

第三种自由是洞见。遗憾的是这种自由总是跟随在愚昧和遗憾之后。这就像风中摇曳的芦苇，它因柔弱而得以屹立。

学生：仅此而已吗？

大师：有些人认为他们在追求自己心灵的真相。但事实上是伟大的灵魂通过他们在追寻和思考。就像大自然，它可以经受很多的错误，因为失败的角色可以被轻易地取代。但是那些让伟大的灵魂在自己内在思考的人，有时会被允许有一点移动的空间，就像河流给游泳者的空间一样。他让心灵自己漂流，伟大的灵魂便和他一起努力，一起游向新的彼岸。

是的，这就是结论，我们放弃所有旧的希望，这就是自由。

同性伴侣关系

案主：我有一个关于同性伴侣关系的问题。

海灵格：同性性关系是一种命运的联结，这种关系里的人都是不自由的。我的一个发现是，如果一个家庭里有个女孩死了，那么在她的家庭里必须有人来代表她。但如果这个家庭里没有其他的女孩，那么就会由一个男孩来代表她。

举个例子，有个同性恋男子曾跟我谈起他的家庭。他家有五个孩子，其中一个是女孩。她死了，必须有另一个人来代表她，但没有其他女孩了。每个孩子都有一个写着他们名字的杯子，但这个男人没有一个属于他的男孩的杯子，他拿到的是写着那个女孩名字的杯子，他就必须代表那个女孩。这对他来说是无法避免的。所以这是同性恋的背景之一。

我最近在米兰开设了一个为伴侣们做排列的课程。有两个男人想要做一个排列，他们是伴侣，我给他们做了一个排列。

他们两个都躺倒在地上，彼此相望。然后我让两个女人躺在那里。这两个女人手拉着手，每一个同性恋男人都到其中一个女人那里。他们两个都必须代表一个死去的女人,这个死去的女人又和另一个女人相连。这对同性恋伴侣让这两个死去的女人复活了。

是的,复活了!这两个女人之间的关系一直没有解决,被这两个男人延续了下来。这多好!死去的女人通过这两个男人的伴侣关系复活了。我回答了你的问题了吗?

案主:是的,彻底回答了我的问题。

幸运的数字

案主:我无法在我的家里找到我的位置。我有个妹妹,我们关系很好,但我总是把姐姐的位置让给她。

海灵格:你家里有几个孩子?

案主:我总是梦到一个哥哥,我的妹妹扮演了哥哥的角色。我只知道自己有两个兄弟姐妹,不知道还有没有其他兄弟姐妹,也不知道我的妈妈有没有堕过胎。

海灵格:看起来没有人的位置是对,甚至还有些丢失的位置。我也曾时不时地在这种情况下做练习。我们有足够的时间来做练习。

海灵格(对大家):你们闭上眼睛,在心中看着你在兄弟姐妹中通常的序位数字。

海灵格(对案主):所以你的序位是1?

案主:是的。

海灵格(对大家):现在你们想着你们在兄弟姐妹中的序位数

字,并感知你们在那个位置的感受。你们的感觉对吗?我现在从1数到20,然后你们来感知哪个数字对你来说是感觉最好的,那就会是正确的位置。现在我开始数数:1、2、3、4、5、6、7、8、9、10、11、12、13、14、15、16、17、18、19、20。

海灵格(对案主):你感觉哪个数字让你觉得最稳定?

案主:我不知道。

海灵格:你的数字是5!

案主思考了很久,然后她开始哭泣。

海灵格(对大家):我们可以从她的反应中看出那对她来说是个对的数字。还有很多人对这个数字有反应。

海灵格(对案主):5是个幸运的数字!

案主笑了笑并且点头。

海灵格(对案主):好吧,祝福你!

片刻凝思:奉献

当我们谈到奉献,我们主要想到的是一个母亲对孩子的奉献。

她用子宫孕育着这个孩子,最终把孩子生出来。她把孩子搂在胸前,用奶水为孩子提供营养。还有比这更美好的画面吗?还有比这更深刻的奉献体验吗?

父亲也通过他的关怀支持着这种奉献。他将孩子放回母亲的臂弯,让她保护孩子。从与子宫里的孩子连为一体开始,她温柔的奉献持续了很长的时间,然后她的孩子迈开独立行走的第一步,这也是孩子离开母亲的第一步。之后，孩子进入父亲的怀抱。

父亲将孩子高高举起，将他放在肩上，小心翼翼地背着他跨越狭小的家庭空间，进入广阔的世界。与此同时，孩子也一直在母亲的陪伴下，与母亲和谐一致。

过了一段时间，父母之间可能会出现分歧，尤其当母亲用某种方式把孩子朝自己这边拉近，要孩子远离父亲的时候，就好像她需要保护孩子不受父亲的侵犯。就在这个时候，一个灾难性的"你为我"的动力从母亲这边开始了。然后她就会得到来自孩子或者伴侣的毁灭性的回应："我为你。"

在外界看来，这个"我为你"的回应是一个爱的宣言，但这另一方面也是愿意为母亲而死的意愿，或者对放弃自己圆满的生命的宣告。

如果孩子活的时间够长，就可能有某种摆脱这个动力的办法。这意味着他会将这句话传递给自己的孩子，或者将它传给伴侣，把他们与一个死亡的愿望相连。表面上来看，这是爱的奉献。但从另一方面来说，这是来自他们双方的死亡意愿。然而，这些活动主要发生在潜意识层面。

但我是从一个更加整体的范围来看待这个奉献以及想要完成它的意愿。每一个生命都依靠另一个生命存活，只有这样它才能生存。对于每一个生命而言，时间到了，它便通过死亡来滋养另一个生命，从而让生命延续：这是一个永恒的生死循环。

那么问题是：有超越这个循环的、不需要一个人死亡也不需要依赖另一个人存活的奉献吗？

全然的奉献

我们的奉献何时以及如何到达其目的地，而不是到达边界？它如何超越善与恶、清白与内疚的界限？它到达了一个超越了所有区别的地方，与某种包含一切的意识相融合，同意一切如其所是的样子。

这种奉献始于告别所有先入为主的评判，最重要的是，告别任何的愧疚。这意味着，与某种超越我们所有人的东西融合一致，与一切如其所是的样子一致。我们和万事万物一样，在同一个平面上。

我们会在这种奉献里感到自己优于他人或者低于他人吗？通过所有人类如其所是的样子，我们成就同样的伟大，和一切如其所是的样子一样。最重要的是，我们体验到自己和其他一切一样平等地被爱。

在这种奉献里还会有任何顾虑吗？还会有任何优越感吗？还会有任何评判吗？还会有任何拒绝吗？结果会怎样呢？按照一切如其所是的样子去奉献，我们与一切合而为一，完全合而为一。怀着爱、满怀喜悦、毫无愧疚，与一切同在。合而为强大、永恒、纯净的一。与原初一样纯净，再次回归合一。

巴特赖兴哈尔：第三天

这是2013年在巴特赖兴哈尔进行的一个课程的案例：第三天。

梦境与童话

案主：昨天晚上我做了个梦。一个穿红大衣，戴着红帽子的女人走近我，她跟着我，我让她不要靠近。她转身离去，跑进一间大门紧锁的房子。我知道这是一个死去的女人的灵魂。她摘掉帽子，我问她想要从我这里得到什么。她向我展示了一个瘦弱的、连着脖子的鸭头。我不明白她到底想要通过这个告诉我什么。

海灵格：我想要说些有关我们的梦境的东西。正如你们所知，我也是一个心理分析师。我读过弗洛伊德的所有书籍，他最伟大的成就在于解读梦境。现在我已经很清楚弗洛伊德对于梦境的解析是参照自己的梦境进行的。梦境和这本书提到的其他方面一样也非常重要。我的启示是，梦境带领我们进入另外一个维度。

海灵格（对案主）：就像你的梦。

海灵格：这是一个培训课程，因此我要说一点有关梦境的东西。当人们来到我身边，告诉我他们真的需要说一个他们的梦时（这当然和这里的情况不同），我会说，"告诉我第一句话，第一句话说出的是重要的东西，接下来说的一切都是为了转移别人对第一句话的注意力"。

这在其他地方也同样适用，比如童话。我在童话中发现很多东西。我在这方面的伟大导师是艾瑞克·伯恩，他在自己的最后一本书《在说完你好以后你会说什么》中描写了很多童话故事。看完那本书以后，我就可以很容易地解读童话了，我很感谢他。童话只有第一句话是重要的，剩下的真的都只是童话，因为后面描述的都不是事实，只是作者想要让人们的注意力偏离第一句话而写下的东西。比如关于把一切都给出去的女孩的故事。她把她最后的衣服都给出去了，然后天堂的门打开了，金子从天而降，她就可以把这些都收集起来，度过富足的余生。这里的假象是：如果我们把一切都给出去，我们就得到一切。童话故事都是这样。我自己分析了那些童话，然后我就明白了他们真正的意思是什么。

这对梦境同样适用。比如，有一个童话的第一句话是汉莎和格雷泰尔离开家被送人了。这是一个事实，剩下的就都是童话了。其他童话也是一样的。这同样适用于来访者。我经常要在第一句话之后打断他们，因为那才是真相之所在。

当你们和来访者一起工作，记住这点是有帮助的。这意味着：不要让你的工作卷入冗长的谈话。第一句话已经把真相都说出来了。

来自另一个维度的梦境

海灵格：但是有些梦是非常不同的，就像这个案主的梦。它来自另一个意识，并引领着我们进入另一个意识。这是灵性的梦境，是一个讯息。有时候当我面临一个任务比如写一本书时，我不知道下一章要写什么，所以我入睡前会请求一个梦。当我得到这个梦的时候，它会告诉我如何走下一步。

海灵格（对案主）：所以你所获得的这个梦是一个很有价值的梦。当我们入睡的时候我们进入另一种意识，我们之所以能够活下来就是因为我们在梦境中与这另一个意识相连，它们就是传递给你的信息。

排列

海灵格（对案主）：现在你去那里站着。

海灵格（对大家）：我们也都注意到她戴了一个红头巾。

案主想要开口解释。

海灵格（对案主）：没关系，我不想知道任何事情。我很享受这样，仅此而已。你也不需要为自己辩解。

海灵格（对一个女人）：我选你上来。你站到对面去。当然，你也是红色的（她戴着一条红围巾），很好。现在我们来看看接下来会发生什么？

两个女人彼此对视了一会儿，然后她们都笑了，慢慢地朝向对方走去。最后，她们紧挨着。女人走到一边，绕过案主，站在了她的身后，把头放在她的肩膀上。案主非常感动，她颤抖着哭泣。

海灵格：好的。

海灵格（对案主）：一个美妙的礼物，一个梦境，一个美妙的礼物。

海灵格（对大家）：现在闭上你们的眼睛，用心看着你们昨天晚上的梦境，或者一个你做了很久的梦。

过了一会儿。

海灵格（对案主）：好吧，祝福你。

兄弟姐妹的序位

案主：我有个关于兄弟姐妹的序位的问题。我父亲有个私生女，我们都不认识她。当我发现这件事的时候，我只找到了她的坟墓。她在19岁时死于急性白血病。当我父亲去世时，我想写我们的家族史，然后我发现我的第二个儿子和这个去世的同父异母的姐姐是同一天生日。

排列：终于团聚了

海灵格：我晚点再来讨论这个，但我现在要找一个你同父异母的姐姐的代表和你儿子的代表来进行排列。

代表上台来了。

"姐姐"看着地面。"儿子"转过身看着另一个方向。

海灵格（对案主）：站到她身边。她比你大吗？

案主：是的。

案主站到了"姐姐"的身边。"姐姐"深深地弯腰，跪了下来，然后躺在地面上。"儿子"往后退，慢慢地朝她走去，直到脚踫到她。

案主走向"儿子"，她站到他面前，伸出手碰他。"儿子"从案主身边走开，然后看着"姐姐"。"姐姐"现在躺倒在地上了。"儿子"跪在"姐姐"旁边。"姐姐"转向他，握住他的膝盖。他将一只手放在她的胳膊上，她拥抱着他。过了一会儿，儿子看向案主。"姐姐"也抬头看她，然后闭上了眼睛。

海灵格：现在她闭上了眼睛，这意味着她已经安息了。

"儿子"站起身来，站在案主身边。"姐姐"躺在他们中间。他们转身离开她，并肩往前走了两步，中间留有很大空间。

海灵格选了一个人代表案主的父亲。"父亲"站在离他们一定距离之外的地方。

案主和"儿子"从"父亲"身边往后撤退，经过了死去的"姐姐"，各自站在她的两边。"父亲"跪了下来对死去的"姐姐"伸出手。她也对他伸出手。他们头靠着头，轻轻拥抱对方。

案主和"儿子"往后撤退，然后向一边靠拢。案主想要用手搂住"儿子"，但他移开了，独自站在一边。

海灵格（对案主）：现在你的儿子感觉很好！

海灵格（对儿子）：转过身去，往前走几步。

当"儿子"往前走的时候，他的身体开始颤抖。

海灵格（对案主）：你也转过身去。

案主也转过身，往前走了几步。

海灵格：现在一切都在序位之中了。

案主想要走开。

海灵格（对案主）：我和你的工作还没有结束。兄弟姐妹是如何被计算在内的？

海灵格（对大家）：她的问题是关于兄弟姐妹的序位问题。兄弟姐妹的序位完全遵循出生顺序。而孩子来自哪段关系并不会对序位有什么其他影响。

海灵格（对案主）：所以现在你看到自己出生的序位了吗？

案主：在昨天的练习中，第二这个位置让我感觉特别强烈。但我是父母第二段关系的第二个孩子，是父亲的第三个孩子，是母亲的第四个孩子。我的情况很复杂。

你在这整个序位里处在什么位置？

案主：在第五的位置。

海灵格（对案主）：你是第五个。我们昨天已经看到了，五是个好数字。所以看到这个很重要。我们总是要问是否还有另一个孩子，以及他的正确位置会在哪里。助人者在这之中也有位置和数字，所以我在这里也有一个序位。我该告诉你们吗？我的序位是零。

大家笑了。

海灵格（对案主）：还有问题吗？一切都清楚了吗？

案主：衷心感谢您。

谁归属于家庭？

海灵格：你们还好吗？昨天我和我的妻子索菲进行了谈话。她提醒我这是一个基础课程，需要谈论一下有些关于序位的问题，以及谁归属于家族系统、谁不归属的问题。这些非常重要，因为如果有人被排除在家庭之外，以后另一个家庭成员就会代表这个被排除的人。我们可以在排列中看到这点。如果我们不知道谁该归属于家庭，我们就无法理解纠葛来自哪里。我要解释下吗？如果你们想，你们可以用笔记下来，但最好是你们现在能记住。

父母和兄弟姐妹

家庭始于父母，父母是平等的，他们没有谁会比另一个人更早或更晚进入家庭。他们是最先进来的人。然后家庭就迎来了孩子们，孩子的序位完全按照出生的顺序计算。堕胎的孩子也需要被算在内。那些夭折的孩子和被送人的孩子，他们也全都归属于家庭。

案例

我在香港做过一个排列。一个女人举手说她有许多种疾病。我问她有多少种疾病。她说11种。然后我就把他们排列了出来。这些代表疾病的人表现得和真实的病人一样，比如说他们会摔倒。当时课程已经结束了，因此我必须停止排列。

一年后，这个女人来参加了我的另一个课程，她感到好多了。然后我问她，她的家庭里发生了什么。

这个女人来自中国，她的家庭非常贫穷，她的父母卖掉了5个孩子。她说还有一些其他的孩子，被堕胎的孩子。我问有多少？她说6个。算算所有的孩子，一共有11个。她的每个疾病都代表了其中一个孩子。

然后我就排列出了她的11个兄弟姐妹。她和他们站在那里，然后父母远离他们站着。你可以感觉到那画面多么感人，他们全部手拉手站在那里哭泣。父母站在圈外，也在哭泣。然后我将他们也放在圈内。突然这个家庭就完整了。他们每个人都占了一个位置。所以，了解谁归属于家庭、谁被排除掉了，是非常重要的。

继续

那么现在我再来开始，我们将这个排列出来。在第一排，肩并肩站着的是所有孩子，包括被流产的、被堕胎的和那些被送走的孩子。他们没有被这个家庭承认，但他们永远归属于家庭。这是第一排：孩子。

在这个意义上，被领养的孩子并不属于领养他们的家庭。他们有他们自己的父母。他们就像领养家庭里的客人，因此他们不会在这个家庭里被代表。他们归属于他们自己的父母和兄弟姐妹。

然后下一排我们有父母和他们的兄弟姐妹，他们所有的兄弟姐妹，包括被送人的、被遗忘的、堕胎的，他们全都属于这个家庭。

如果他们中有任何一个没有被承认，他们将会被家庭里其他的孩子或者成员所代表。

还有些不是血缘亲属的人亦都属于这个家庭，他们是父母的前任伴侣。所有之前的伴侣都归属于这个家庭。你们还能继续这个家庭成员清单列表吗？

想象一下：所有的孩子，父母和他们所有的兄弟姐妹，现在再加上父母的前任伴侣。

前任伴侣

后来的伴侣常常面对大量的问题。比如，父亲曾经离过婚，他和之前的妻子分开了，抱怨她不是合适的人选。他的借口和解释，我们统统可以忘掉。因为从生命的层次来看，这些借口没有任何价值。

现在他有了第二任妻子并和她有了孩子。她觉得她是更好的妻子，相信自己是他的合适人选。但按照序位，她是第二个，或者是第五个。现在父亲有了一个百般疼爱的女儿，但女儿总是生他的气，而他也不知如何是好。

女儿代表了一个前任妻子。她有和这个前任妻子一样的情绪，所以她感到自己被排除在外。因此，如果在排列时遇到这种状况，你必须知道她代表了父亲的一位前妻。当然，反之亦然，这同样也适用于男人。

问题在于：解决方案是什么？前任伴侣的正确序位必须得到肯定和承认。正如上述案例所呈现出来的，前任才是第一个。

案例

我有个朋友，他是我的工作坊的摄影师。他有个四岁的小儿子，他的行为让父母抓狂，他们不知道该拿他怎么办。

我告诉他，你曾经和别人结过婚，你知道孩子代表着这位前任伴侣吗？他说他的妻子也有前任伴侣。

他问他现在该怎么做。我说，下次儿子再让你抓狂，你越过他看向远方，怀着爱看向你的前妻，你的妻子也应该这样对待她的前任伴侣。怀着爱，仅此而已。

四周以后，当我再次见到他时问："飞利浦（他儿子的名字）怎么样了？"我朋友回答说："他变了。"

当我们了解并遵循序位后，便可以得到这种成果。

曾经的伴侣关系还会通过哪种其他的方式被代表出来呢？通过某种疾病。我今天可能会针对疾病工作。然后我们会观察到疾病可以和什么东西有所联结。

（外）祖父母

是什么使某个人成为我们的伴侣？通过性行为我们和一个人成为伴侣，最重要的是我们发生第一次性行为的那位伴侣。顺便提一句，这同样适用于乱伦。伴侣关系也同样会通过乱伦的方式建立。

（大家感到不安。）稍等片刻。如果你们对乱伦有反感及敌意，你们就毁了孩子们的未来。

如果你们遇到了这种情况，例如在排列当中，乱伦关系会立刻呈现出来。

然后你可以对这个孩子说——通常都是孩子——"将他带入你的心灵，将他带入你的下一段关系里"。通过与爱的联结，这个孩子就从这位"前任伴侣"里被释放出来了。这也适用于我们，适用于我们后来的关系。从前的关系需要被带入我们的心灵，然后我们就可以自由地面对下一段关系。

其他有关联的人：士兵们

有哪些人是归属于我们的家庭系统的？我迄今为止讲过的东西都是相对简单的。但我们的工作越来越清晰地显示，很多与我们不相干的人也归属于我们的家庭，我们和那些人有另一种深刻的联结。

所有那些因为我们而死去的人，都归属于我们的家庭系统。因此，那些来自敌我双方的士兵们都对彼此伸出双手。他们不是分开的。所有死者都在一起，没有一个区域会将死者区分开来。他们都是一样的。

杀人犯

好吧，这更直接。如果我们的家族里有人成了某个杀人犯的受害者，这个杀人犯就归属于我们的家族系统。如果他没有被接受，我们家族中就可能有人成为杀人犯或者表现出想杀人的感觉。但他同时也与家族中的受害人有联结。

我们在开始时有过一场排列，一位男人有仇恨以及想要攻击别人的感觉，他不知道这种情绪从何而来。我中断了排列，但很明显他与一个谋杀者相连。他的感受来自另外的地方。我打断了那个排列，但一段时间之后他又来了。昨天我们在一个排列中看到了他是如何与其他的东西密切相连的。

纪念死者

这是对于死者的纪念，比如纪念在奥斯威辛集中营的受害者。很多人去到那里，怀着对抗杀人犯的满满的胜利感。那么死者的处境又如何呢？他们被尊重了吗？

我在奥斯威辛集中营有过一段奇怪的经历。那是一个神圣的地方，那里的人很少。我在那里"看到"了一个画面：上帝出现了。他说："是我。"这是事实。在杀人犯和受害者之间不再有区别了。因此我们也需要把那些人纳入进来。

杀人犯也归属于受害者的家庭。同样的，如果在我们的家庭里有一个杀人犯，那么受害者也归属于我们的家庭。杀人犯和受害者同时归属于对方的家庭。我再回到我已经提到过的那个经历。一个加拿大的印第安长老告诉我，他们的语言里没有公正这个词。没有公正就没有良知，在他们的部落里没有良知。现在，我们有了一个惊人的解决方案。我们问他如果有人杀了人他们会怎么办。他说，那个人会被受害者的家庭收养。当我们想要把某个杀害我们家人的人送上法庭，我们也可以做同样的事。

再有，让我们想一想那上百万的士兵。他们不得不带着胜利感互相残杀，没有任何同情心。我们将他们所有人带入我们的心灵，这将是什么的开始呢？这将是地球天堂的开始。那么我们届时将会在哪里呢？在另一个维度，靠近更远的力量，一切万物的源头。这就是天堂。

我们想要讨论些什么呢？谁归属于我们的家庭？我会再回到这个话题，但我想先说些别的事情，好吗？

疾病

我想要展示些有关疾病的东西。这里有人身患重疾吗？或者有没有谁的伴侣或者孩子身患重疾的？我们来看看它。我们允许自己被带入另一个维度。

海灵格选了一个女人上台。她坐在他旁边，开始哭泣。

排列：最好是你而不是我

海灵格（对大家）：我在这里所做的展示，是为所有人而做的。如果我们领会了这个，那么它会疗愈我们所有人，并成为一条通往另一种健康的道路。

海灵格（对案主）：闭上眼睛，在心里说，"最好是你而不是我"。

海灵格选了一个人代表案主，又选了一个人代表疾病。他让他们面对面站着并相隔一定距离。"疾病"慢慢地朝"案主"走去。"案主"则往后退。"疾病"在"案主"面前躺倒在地。海灵格选了一个男人上台，并让他站在他自己觉得合适的位置。

男人站在"疾病"的左边，与"疾病"隔着一定距离。"疾病"滚到另一边，远离了他。此时，"案主"也仰面躺在地上。男人靠近"疾病"，并看着"疾病"。"案主"张开了双臂。

"疾病"滚到另一边并踢打双脚，试图远离男人。男人则跟着"疾病"，并躺在"疾病"身边，将一只手放在她的胸口。"疾病"随之将一只脚架在男人的腿上。

此时，"案主"站了起来。她迅速地看了一眼"疾病"和男人，从他们身边离开。她用拳头击打自己的臀部，其间迅速地回头看"疾病"和男人。

"疾病"挣脱开男人，但仍然将自己的一只脚搭在男人的腿上。

海灵格（对案主）：疾病只是疾病吗？或者它其实是一个人？谁拒绝了这个人？又是谁在为她而死？

"案主"再次靠着男人躺下。她朝男人弯下腰，然后将一只手放在"疾病"身上。然后她跪下来，并想要远离他们。但男人跟着"案主"移动，他的右手抓着"疾病"，左手抓着"案主"。"案主"随后在他们的身边躺下。

海灵格：我可以在这里停下了。谢谢代表们，祝你们所有人好起来。

海灵格（对大家）：我甚至没有问她的议题是什么，这只是一个展示。

海灵格（对案主）：明白了吗？祝福你。

谁归属于家庭，谁被排除了？

我们今天早上的议题是什么？谁归属，谁不归属？谁被排除了？被排除是疾病的根源，排除某个归属的人。你们意识到了解谁归属于家庭有多重要了吗？谁被我们的家庭排除了？谁在我们的心里？

冥想：我们在代表谁？

闭上你们的眼睛。现在我们自己来测试一下。谁被排除了？谁回家了？哪些被排除的人带着抱怨、疾病或者死去的愿望回到了我们身边，回到了孩子那里、伴侣那里？我们在谁的位置上与疾病同行？是在排除某人或评判某人的位置上吗？我们在为哪种正义或哪个孩子而战？哪个为我们而生病的孩子？我们又为了谁而生病？

现在我们把他们都集合起来，那些被排除的人，那些被人从家庭里排除的人，那些被拒绝的人。

我们的身体在发生什么样的变化？你们有些人感觉好些了吗？你们感觉到什么了吗？我们生活在一个奇怪的世界里。

朝向母亲移动的疾病

这是一个培训课程，我们的目的是学习如何应对那些在生命中有所需要的人。当有人带着疾病而来，我们首先需要做什么？我们要对疾病张开双手，和它成为朋友。这正好和我们习惯处理疾病的方法相反。

我已经给了你们一个关于如何处理疾病的范例了。我几乎不谈论疾病。疾病是灵魂富有创造力的移动。我们要反对疾病吗？不，恰恰相反，我们要和疾病一同移动。疾病是爱的移动。

但这里有件事情非常重要。有谁得了并不属于自己的疾病？孩子往往愿意生病。但疾病想去的是其他的地方，而不是和我们在一起。除非我们朝向一个更加伟大的东西移动，否则疾病就会让我们停下来。

我已经写了一本有关疗愈的书。其中最重要的是意识到母亲的作用。如果我们找到回到母亲那里的方法，疾病就会离开，比如癌症。

我在癌症患者那里观察到了这一点。那是我第一次与癌症患者接触。当时我在格拉兹的一所大学演讲，一个女人来到我面前，她有癌症。我对她说：对你的母亲鞠躬。她无法做到。然后我就此中断。她的丈夫是名医生。一年后他给我写了封信。这个女人学会了，她用了一整年的时间慢慢学会了向母亲鞠躬。当她做到以后，她的癌症就消失了。这个疾病在等待一个朝向母亲的移动。

冥想：疾病和我们的父亲

在这个课程里我看到父亲与疾病的关系。

闭上眼睛。

让我们看着我们的父亲，也看着我们的某句抱怨，或者某种疾病。

我们对它说："请来吧，请握着我的手，将我带出牢笼。"

好吧。

我想起一则小格言了，我要告诉你们吗？

"健康就是圆满。"

未知

案主：我明白谁归属于我的家庭了，至少我认为我明白了。我的父亲很晚才遇到我的母亲，他当时在战场上。我对他的了解非常少，不知道他是否有父母。可能有很多归属于我的家庭的人，我却对他们一无所知。这让我感到害怕和紧张。

海灵格：不，恰恰相反，越多越好。

案主：对他们一无所知让我失去勇气。

海灵格：他们都在你的灵魂里。

冥想：终于

闭上眼睛。

想象你自己站在某个空间中，周围空阔辽远。

然后你等待他们的到来。

他们都来了，你站在人群的中心。

你对每个到来的人说："终于来了。"

然后我们越过他们，看向一束遥远的光。

带着这些灵魂，这些存在于我们内心和身体中的灵魂，我们往前移动。

有些人来到我们身边，有些人留在我们身后。

他们曾被看到过，如今他们可以被留在身后了。

我们不影响他们，他们也不受我们影响。

好吧，祝福你们。

其他被排除的人

所以这是一条通往另一个维度的路，通向一个新的光明的空间。我想再次回到这个主题：谁归属于我们？或者谁被推向我们，这样他们才能被看见？

我们还必须要考虑其他的一些东西。所有那些为我们的获得而付出的人都归属于我们的系统。比如，我们的家族曾经拥有奴隶，或者我们压制或者剥削了某些种族。在南美洲，事实上是在整个美洲，有许多印第安群体。在巴西的棚户区，住着很多奴隶的后代，那是他们自己的群体。很多其他国家也存在类似的情况。毫无疑问，他们归属于系统，他们足够坚强，但我们要承认他们是归属的。

然后还有些企业，他们的盈利是以许多工人的死亡为代价的。我已经在很多课程里观察到这点了。某个来自富裕家庭的人突然变得贫穷或者想要变得贫穷。他暗地里其实是那些为他们家族的财富而死的人的盟友。

冥想：你，也同样归属

再次闭上眼睛。

我们来看看在我们的家庭里是否也有这样的情况。

我们对为我们的家庭所得付出代价的每一个人说，"你，也同样归属"。

所以现在我完成了有关归属的一切。

想象你并不知道谁是归属于我们的。

那将会是多么的孤独，多么的自以为是？

问题

现在，课程已经接近尾声，我想要给你们一些公开提问的机会。然后我们就可以重点概括一些东西了。

第二任妻子

第一个案主：如果你和一个已经有了三个孩子的男人结婚，你的出现是不是能帮助他成为一个父亲，还是对他不会有什么改变？

海灵格：一个女人和一个已经有了三个孩子的男人结婚，这三个孩子已经有了一个母亲，而现在他们的父亲又有了一个新妻子了对吗？这个问题很重要。孩子仅仅归属于他们的亲生父母。所以这个新妻子对这些孩子没有责任。她也不应该为这些孩子感到担心。她应该对这些孩子说："我只是你们的父亲的妻子，你们只归属于他和你们的母亲。"然后孩子们就会松一口气。不然孩子们就会开始和这个女人吵架。无论何时，当孩子们向这个新妻子要求某些东西，她都应该说："这是你的父亲，那是你的母亲，而我只是你父亲的妻子。"然后这个新妻子就会感觉良好。然后家庭就会很和平，因为序位阶层被认可了。这样说你清楚了吗？

第一个案主：是的，很清楚。

我们这个时代的教育

海灵格：对序位阶层的观察是朝向和平的移动。和平意味着每个人都有其位置。

排列：另外一面

过了一会儿。

海灵格：我需要一个女人。

一个女人上台来。

海灵格为这个案主选了一个代表并让她站着。代表开始哭泣，她大声尖叫，双手捧着头。然后她伸出双手开始转圈，充满愤怒。

海灵格选了一个男人上来，让他站在女代表对面。女代表向男人冲去，在他面前跪倒下来。男人看着远方。

女代表站起身来，挥动拳头，好像想打男人。然后她转过身，背靠着他。然后她又往后退并站在他的对面。这个男人一直看着很远的地方。

女代表慢慢地走向男人。他们朝对方伸出双手，开始跳舞然后轻轻拥抱。

海灵格：好的，谢谢你们两个。

海灵格（对大家）：你们的议题是什么？谁归属？

海灵格（对案主）：我在这里停下。

案主：谢谢你。

海灵格：有些东西在我们的灵魂里被颠倒了——我们的偏见和我们的自以为是。

我想要再做些排列。这样我们会立刻学到很多，就像刚才最后这个排列，有谁想到会是那样呢？

我接下来想要展示处理疾病的方法，在这里归属扮演了一个角色。你们准备好了吗？有谁想要来？我想要一个男人来。

排列：近视眼

一个男人坐在了海灵格身边。

海灵格：你得了什么疾病？

案主：我有近视眼，医生说这是一种无法修复的视力退化。年龄越大，能看见的东西就越少，直到完全失明。

海灵格：这个信息已经够多了。我会认真对待。我会排列出这个眼疾然后选一个男人来代表它。一般情况我会选一个女人来代表疾病，但在这里我要选一个男人。

海灵格选了一个男人代表眼疾，又选了一个男人代表医生。他们面对面站着，与对方隔着一定距离。"医生"的双手在胸前交叉着。

海灵格：疾病在哪里？他在这里吗？和谁在一起？和医生在一起！

"医生"努了努嘴并点头。

海灵格（对医生）：谢谢你，你可以坐下了。

海灵格（对疾病）：你留下。

海灵格（对案主）：现在你站在疾病的对面。

"疾病"慢慢在案主面前跪下来并伸出双手。

案主在"疾病"身边跪下，在自己和他中间留下一定的空间。

海灵格选了一个女人，并让她仰面躺在两个男人之间的地面上。

"疾病"直坐起来，看着这个女人并开始哭泣。

海灵格（对疾病）：对案主说，"我看到她"。

"疾病"：我看到她。

"疾病"走到这个女人身边，握着她的手。案主也走到她那里并握着她的手。"疾病"将手放在她的额头上。他看着案主，轻抚女人的额头。他和这个女人彼此凝望了很久。

海灵格（对案主）：现在你对疾病说，"感谢你"。

案主：感谢你。

案主和"疾病"越过女人手拉着手。他们都看着她哭泣。然后"疾病"躺在了女人身边并深呼吸，他拉着女人的手。案主非常感动并哭泣。

过了一会儿，他跪在女人和"疾病"的脚边，然后握住她们两人的脚和手。

海灵格：好吧，谢谢你们所有人。

灵性场域

我在这个群体观察到一个奇特的现象，我们看到排列的代表们，看到他们是如何与另一个更伟大的力量融合一致的，这一切完全不需要语言。我以前没有这样看到过。这意味着，我们移向了一个新的灵性场域。我所看到的让我非常感动，最终的解决方案来得那么突然和自然，这真是不可思议。

小组交流

现在你们需要再分享一下你们的体验,这样你们就有机会表达自己的感受了。

在小组里我们可以观察到,一段时间之后,我们所有人都需要表达。他们必须要能够表达自己,这样会有很好的效果。因此,如果你们做排列或者讲课,参与者必须要有表达自己的机会。他们说什么并不重要,重要的是每个人都有机会表达。

问题:排除

案主:我们总说要看到并再次接纳那些被排除或者被丢失的人。如果我自己就是一个被家庭排除的人怎么办?

海灵格:你来决定你是否要保持那样。

他们彼此凝望了很久,然后案主点头。

海灵格:然后你进入你自己的力量里面。我想到一个奇怪的句子,当然那不是真的:"所有非凡的人都是局外人,但是他们不会一直保持那样。"明白了吗?

案主:谢谢你。

阿尔兹海默症

案主:我家里有一个祖母,现在她患了阿尔兹海默症。如果我多次忘记某件事,我就担心我也可能得这个病,就像我家族里的其他几个人一样。

海灵格：如果你担心，你就会得病。我也有阿尔兹海默症，我总是忘记事情，只是在这里我不会忘记事，我在这里有事情要做。明白了吗？

案主：是的。

海灵格：我想到另一个格言："心想事成。"

未来

在另一个层面，在远离善与恶的区分之处，在那里并没有未来与过去，两样都没有！只有当下。

最近想起一句格言。有人说："时光飞逝！"但时间从来没有飞，时间只是如是而已。我们原本可以拥有一个如此伟大的生命。

我要走了

案主：我在很久以前开始就尝试和我的父亲建立某种关系，并且有了一些成效。但我仍然无法说我可以在父亲面前感到完全自在。

海灵格：我想到一个奇怪的句子。你对你的母亲说，"我要走了"。

他们彼此凝望了很久，案主点头。

海灵格：明白了吗？

案主感谢了他，然后离开。

醒来

一个男人坐在了海灵格的身边，他们看着彼此微笑。

海灵格：我想到一个奇怪的句子。我无法理解这个句子，只是让它沉淀下来。

男人一直笑。

海灵格：只是一个短语。闭上眼睛。这个短语是，"被线牵制的木偶玩具"。

这个男人点头，继续微笑，然后变得严肃。海灵格在他的两个肩胛骨之间猛力一击。男人摇晃身体，然后笑了。

海灵格：可以了吗？

男人感谢海灵格，然后离开了。

海灵格（对大家）：我刚刚对他所做的是一个唤醒的移动。我把他唤醒了！一个人只能偶尔这样做，并且要确切地知道如何去做——就在两个肩胛骨之间击打。通过这种方法，我在某种象征性的意义上使一个死人复活。在马来西亚的工作坊里，有一个来自中国的人总是举手，我什么也没对他做。然后在提问和回答的环节，他带着一个问题来找我。你可以在一个人的脸上读出来他有多老了，他的灵魂有多老了。

海灵格（对案主）：你七岁了。

这个从中国来的男人说，当他只有四岁时，他曾进过"鬼门关"。显然，他活了下来，但生命没有苏醒。我就对他那样做了（在两个肩胛骨之间击打）。然后他就"复活"了，突然之间他变得非常活泼。所以这是一些我们不时会遇到的事情。

海灵格（对案主）：所以你知道你现在是什么了吗？你是一个傻小子！

冥想：我的教育

问题是：我可以教导我自己吗？有谁帮我做这个？我可以依赖自己的力量做这个吗？或者我需要外在的力量帮忙吗？

人们可以教育我吗？比如说，用他们有关对错的想法来教育我，或者在排列中通过来自另一个维度的干预来教育我。

教育在这里意味着，我们被某种超越我们的精神力量所引领，这种力量超越了有用和无用之间的区别。

问题在于：我们如何与这种力量联结？我们如何与他们融合一致？如果我们被它所吸引，我们就会通过一个超越我们自己意志的移动来与他们达成一致，并且不知道我们被带往何处。然而，它仍然以无可抗拒的方式带领我们。比如，在一个没有语言的排列中，每一个参与者都被从某个地方带往另一个地方。没有人知道方向，但他们体验到自己被一种非常强大的力量所带领。他们都不是孤立的，没有人知道方向，每一个人都暴露在一股将其带往某个目标的移动之中，并融入某种漂离之中。每个人都没有了曾经的自己、曾经的恐惧、曾经的意图、曾经的选择。

当我们被这样的方式所吸引，我们中的哪一位能够教育其他人呢？我们中的哪一位能把他们拉到某些我们认为合适的地方教育他们呢？

难道不是所有人都被另一个力量所掌控吗？被好人所掌控吗？还是有些时候会反过来，有些力量拖拽着我们的原因是因为他们失去了和这些援助力量的联结？比如，那些突然离开人世，并且以为他们在世间的人生需要通过其他人去继续的人？以及那些不知道他们已经失去这世间的生命,不知道自己已经死了的人?

　　这些人是在占有其他的人,将他们拉向死亡,而不是让他们拥有自己的生命。

　　问题在于:我们如何能逃离他们的罗网?我们如何能让自己脱离他们的掌控,走向通往完满生命的自由?

　　我们接受一个更高序位力量的引领,正如我们自己和其他人在灵性家族系统排列中体验到的那样。

第三部分

另一堂课

介绍

　　这个训练营是一个培训课程，主要是为那些用家族系统排列帮助他人的参与者所设。参与者首先要学会如何帮助他们自己，然后才能通过某种方式帮助他人，帮他们到达另一个维度，进入另一种爱。不仅只是临在，他们每一个人都被带入某些场域。这些场域让某些东西在他们的灵魂里回归序位，在他们的关系里回归序位。首先，让我们来谈谈夫妻之间的关系。其次，他们站在他们的孩子身后。因此这个训练营是一个针对跨领域教育者的基础学校。

　　这个课程由伯特·海灵格和索菲·海灵格一起带领，他们会轮流主持，互相完善。这个活动是一个对灵性家族系统排列的介绍。这意味着所有的参与者都将被平等地带入个人体验，这会远远超过通常学习的效果。

我们这个时代的教育

而当你们阅读这本书时，如果希望得到完整的体验，就需要不停地潜入家族系统排列的移动当中。这个移动会平等地带领所有人，带领他们开启最重要的事情。除了排列以外，还有冥想、解释、反馈、具体问题的回答、练习和小组交流。如果我们先停下来，直到自己的心灵准备好被疗愈了再开始，我们将得益更多。

每天睡觉前，也请你们再次停下来沉思。并且，在读完一部分内容时，也请你花点时间冥想。在新的一天、新的篇章开始之前，冥想是能让你休息的地方。

巴特赖兴哈尔：第一天

这是2013年在巴特赖兴哈尔进行的一个课程的案例：第一天。

通往另一个维度的道路

海灵格：看到这么多熟悉的脸庞，索菲和我很开心。这是一个特别的训练营，在这里我们可以看到从上次课程结束到现在都发生了什么。我和索菲被快速带领进入另一个维度，这速度让我们感到惊讶。我们将在这里一起体验去往另一个意识的途径。

这表明，在我们关注父亲的这三天里，计划已经停止了。在我们计划某些东西之前，我们已经到达了终点。

我经历了灵性家族系统排列。德语里面的"媒介"一词几乎无法被翻译成其他语言。在早期的排列中，我们就能感受到排列是一种媒介。

当代表们被置于某个场域之中时，他们是如何与另一个场域产生联结，以至于他们能立刻体验到他们所代表的人的内在感受的？很多做排列的人低估了这个体验的范围。

现在我到了这里，当索菲和我交换体验时，我们惊讶于自己被引领到达的地方。

海灵格（对索菲）：我很高兴我们用各自的方式体验到了同样的事情。

通过这样的方式，我们两个都以被赋予的方式进入这个维度。在这个维度中，什么结束了呢？未来结束了，每一个对未来的担忧都结束了。

过去去了哪里呢？它也留在身后了。我们只在当下移动，这是一个简短的介绍。最重要的事情是体验。我们不仅仅是把那些直接和我们一起工作的人带入这个体验，而且也用同样的方式带领着你们所有人。你们也要允许自己被这个移动所带领。

方法

根据我们被引领的方式，索菲和我会轮流来，我先来，然后她来，有时候我们会一起来。我不关心这些如何发生作用，那总是和我们想象的不同。除了灵性的家族系统排列，这个课程没有固定的议题。每次在这里展现出来的东西都是全新的。我要开始了，索菲是否加入要取决于移动。现在一切都敞开了。

排列：该死！

海灵格：有谁想来和我一起看些重要的东西？把手举起来。

海灵格选了一个女人，并让她坐在自己和索菲之间。

海灵格（对大家）：现在我要去另外一个维度。我坐在她身边，但我对她一无所知。我让我自己被带到另外一个地方去。

海灵格（对案主）：闭上眼睛。我会给你一句话，你大声说出来，然后你做和我一样的移动。

海灵格跺着地面并喊："该死！"

案主吓了一跳，也说出了同样的话。

海灵格（对大家）：你们每个人都在心里说这句话并想象我所展示的移动。

过了一会儿。

海灵格：我需要一个女性代表。

他让一个女人站到台上并看着一个特定的方向。这个女人左右摇摆几乎快往后倒下了。第二个女人走到她背后，扶着她。第一个女人往后倒在地上，腿向上伸。她的双手张开，身体向上伸展，然后侧身躺下。她显得很不安，用脚踢打地面。

海灵格（对案主）：你也去那里。

案主站在第一个女人身后，弯下腰，把这个女人的衣衫整理好。案主握着女人的手，并将手放在她的背上。

女人仍然很不安，躺在那里，用脚踢打地面。案主跪在她旁边,继续抱着她。

女人转向案主,抓住她的手臂。然后她坐起身来,跪在案主面前,她们互相看着彼此的眼睛。她们站起身来,握着彼此的手臂,温柔地拥抱。案主轻抚女人的背部。

过了一会儿,女人想要从案主身边离开,她往后走了几步。但案主抱着她,刚开始用一只手,然后用双手抱着她。她把女人拉向自己,但女人想要躺在地上。女人躺下并转身。案主蹲下身来,与女人隔着一定距离。海灵格选了另外两个女人,并让她们躺下。这三个女人从案主身边移开,彼此轻柔地拥抱。案主现在跪下来,仍然与她们隔着一定距离。

海灵格:应该还有更多人躺在那里。

海灵格(对案主):对他们说,"该死!"

案主:该死!

海灵格:我在这里停下。好了,感谢你们所有人。

海灵格(对大家):现在我们可能会尝试解释一下,因为这是心理治疗的习惯。我不知道那是什,但那是重要的事。对谁最重要呢?对那些躺在那里的人很重要。她们被看到了。

冥想:去那里

现在闭上眼睛,我们看向我们的过去,我们个人的过去和我们家庭的过去。

有谁躺在地上却没有得到承认?

我们的内心又发生了什么呢?

我们的内心仍然冰冷吗?

它是在害怕一些发生在过去并且对现在仍然产生影响的事吗?

这些在我们的身体里会产生怎样的效果?

比如说,他们的怒火?他们的暴怒?

一个让我们跺着地面盲目地四处大喊的移动:该死!

我们只是看着,什么也不做。

问题是:我们在这里到底想做些什么呢?

除了去他们那里,我们还能做什么呢?

灵性家族系统排列

问题是,灵性家族系统排列是关于什么的?它总是关乎同一件事,总是关乎生死。

我想象有人会来到我面前说:"我想要你给我做一个排列。"我能对他说什么呢?你想要活下来吗?还是想死?

想要做排列的人是怎么样的呢?我看到的是什么呢?我必须要严肃对待的是什么呢?这个人想死。

问题是,这个人,或者我,或者我们,是被另一个力量引领到另一个生命的吗?

这在排列中显现出来了。不是我来决定做什么,我没有权利做这个,我让排列来做,就是这样。

排列:我将独自留下

海灵格:我们可以继续了吗?你们还有勇气吗?我还有!有谁

想来？我和你一起。是的，后面那位，是的，我和你一起！

海灵格选了一个男人并让他坐在自己和索菲中间。

海灵格：是什么事？

案主：有关我对于成功的压力。

海灵格：闭上眼睛，在你的心里，只是在心里，对某人或者对很多人说，"我会独自留下"。

过了一会儿。海灵格选了一个男人代表案主并让他站在台上。

"案主"一直往上看。

过了一会儿，海灵格让一个女人仰面躺在地上，与"案主"隔着一定距离。"案主"依然看着上面，张开双臂，然后转身走开。女人紧握拳头，用力捶打地面，呼吸沉重。

海灵格（对案主）：你的成功在哪里？

案主：就在那里，我只是看不到它。

海灵格：不，它在幻境里。

案主笑了。

海灵格：你避而不见的是什么？你不需要说出来，不管怎样我们看到了它。

过了一会儿。

海灵格：我可以在这里停下了。重要的东西已经显露出来了。谢谢各位代表。

海灵格（对案主）：你也可以走了。

海灵格（对大家）：你怎么处理这样的事？我们是认真的吗？我们通常解决这种问题的方法是什么？

冥想：自由

闭上眼睛。

我们想象自己从高处下来，回到地面。

去哪里呢？去那些我们关心的死者那里。

我们的计划呢？我们的繁杂事务呢？我们试图解决某件事，结果会怎样？还是我们的目光先落到地板上？

如果我们移向这个层面会怎样呢？脱离我们的想象，脱离关于我们很强大的想象？对那些已经和我们一起工作的人而言，解决方案是什么呢？如果我们突然意识到自己走错路了，该如何解决呢？归根结底，这关乎解决方案，关乎自由。问题是，我们如何找到它呢？

冥想：和死者在一起

我来和你们一起做一个冥想。

闭上眼睛。

现在我们去那些等待着我们的死者那里。

比如说，死去的孩子，还有其他死去的人，他们和我们曾经并仍然和我们紧紧相连。

我们躺在他们身旁，但不触碰他们。我们只是和他们在一起。

我们和他们有所不同吗？

我们的生命和他们的死亡有区别吗？

在死者和生者之间到底有区分吗？

所有人都是被平等地看待吗？

我们这个时代的教育

我们死后也会像这样吗？

我们全都聚在一起并待在一起吗？

永远在一起吗？

现在我们允许我们的心灵和他们的心灵一起，怀着爱，共同跳动。

继续排列："该死！"

海灵格：我现在想展示这个，谁是那个第一个和我工作的女人？

海灵格要这个女人上台来。他选了9个代表，他要他们随意躺在地上。他让女人躺在他们中间。

海灵格（对大家）：你们也想象自己正在做类似的事情，让自己躺在很多死者的中间。让自己跟随着移动。

有些死者在哭泣。有些死者握着其他死者的手，并且想要去其他死者那里。有一个死者大声尖叫。女人把她的手放在一个死者身上。他继续大声哭泣。其他死者都来到他身边。过了一会儿，他们都紧挨着躺着，包括案主。

海灵格：好吧，感谢你们。不要去谈论刚才的排列。我们就让我们的经历如其所是。

父亲，母亲，孩子

你们在灵性排列中感觉如何？在这里似乎什么也没有发生，什么也没有做。然而我们好像被带入了另一个维度？

当我把自己交托给这一切的时候，这个过程对我而言是怎样的呢？在没有任何预备的情况下，洞见突然来到。只有当时机成熟时，洞见才会来临并告诉我要往那里去，它绝不会提早到来。这要求我们处于联结当中，处于一个相当简单的联结当中。

这里只有一个重要的联结。所有其他的一切都服务于这个联结。这个联结是：父亲，母亲，孩子。所有事情都和这个联结在一起。外界的干预总是聚焦于父亲、母亲和孩子——按照这个序位。

父亲所做的一切只有一个目的。一切都服务于家庭。他服务于孩子和孩子的母亲。

在我们那个时代，在妇女解放的时代，当女人为了她的成就而奋斗，她便会变得活跃。问题在于，她是离开家庭还是走向家庭了呢？

在政治方面，移动去向了何方呢？当我们谈论经济增长、谈论我们事业的成功时，这个移动去向了何方呢？它是去向了家庭，还是离开了家庭？我们需要想想这点。

如果我们通过这个工作来服务生命，那么它会去向何方？它总是去向未来的生命，朝向生命的延续。

它总是去向家庭。

现在最重要的是，我们如何带领家庭走到一起。只有当家人在我们的心灵里走到一起时，我们才能成功。所以，首先是我们自己的父亲，然后是我们的母亲，最后是作为孩子的我们。而当我们和另一个人工作时，就是那个人的父亲、母亲和孩子。这个课程总是把家人带回到一起。

家庭的另外一面

这听起来很笼统，但这是一个事实：家庭是一个"谋杀集体"。我知道每一个家庭都被一句要人命的话掌控着，这句话是："你为我。"对这句话的答复是："我为你。"

"我为你"也可以在没有"你为我"的时候存在。如果有人被死亡吸引，我们就会马上看到，每个人都可以直接看到。

谁会想死呢？总是那个担心别人的人想死。每一个担心孩子命运的父亲。这和关心孩子的健康是不同的，这是一种不一样的担心。

这是一场伟大的戏剧。担心意味着死亡，尽可能快点死，然后我就会好起来了。

家庭也总是一个在爱和关怀掩盖下的"谋杀集体"。问题是，我们如何能避免这类情况的发生？如何做到呢？这正是我们可以在这里体验到的，为我们自己而体验。

我们也可以体验到帮助其他家庭找到走出幻觉的路以及秘密的谋杀意图。最重要的是，当有人说"我为你"时，他都是在借着爱的名义。

圣经里有一句可怕的话：没有比为朋友舍命更伟大的爱了。

因此，无论是谁，只要受苦或者自杀就有了最伟大的爱。但他在内心是什么样的人呢？自杀的人。

你看到了，正如我们向你们所展示的那样。通过这项工作我们带着你们所经历的,是一个朝向生命的移动,朝向所有人生命的移动。

我们可以继续吗?没有幻觉,稳扎大地,正如我们在上一个练习中所看到的那样,最终他们全都一样。以什么方式一样?同样活着。

没有语言的排列

好的,回到我们的工作上来。有谁想来和我一起工作呢,或者更准确地说,谁想通过我的帮助来看到一些东西?

那些举手的人,如果你们希望从我这里获得什么,你们在爱里面吗?或者你是否对我怀有恶意?比如说,如果我不能给予你想从我这里得到的东西,你是否会释然呢?你能否在内在感受到这一点呢?因此,那些只是装作想要从我这里获得什么的人,我与你们没有联结。那些想要获得什么的人会继续孤独,我是和另一个维度联结。这个维度会在适当的时机工作。而我会向后退。

海灵格选了一个女人,她坐在了海灵格身边,眼神空洞。过了一会儿,海灵格选了三个男人站在离女人一定距离之外的地方。他们之间保持大约一米的距离。

女人看着他们,并不时地看地面。其中一个男人开始用力摇晃。站在中间的男人朝女人走了几步。第三个男人从她身边走开,与她离得更远了。

女人身体前倾,手放在头上开始哭泣。男人们靠她更近了,他们看着彼此。

　　站在中间的男人左右摇晃。然后他把头放在第一个男人的前额上。他仍然摇晃、颤抖着，几乎要倒下了，但他被第三个男人扶着。第三个男人过了一会儿放开了他，跪了下来。站在中间的男人蹒跚着离开了，几乎快要倒地了。他再次往后倒，第三个男人抓住了他的腿。然后第一个男人也躺倒在地。站在中间的男人往后倒下，他背靠在跪着的第三个男人的身上。第三个男人大张着双臂。女人去到在中间的男人那里，从后面抱着他的头。然后他躺倒在地，第三个男人也和他一起躺倒在地。三个男人全部躺倒在地。在中间的男人大睁着眼睛，到最后他也闭上眼睛了。

　　海灵格：我在这里停下。感谢所有的代表。

沉默

　　海灵格（对大家）：所以，在这些灵性排列中最不同寻常的事是，因为没有人知道他们代表谁，所以他们无法自己想象出画面。他们也不知道移动要去向何方，因此没有移动会偏离原来的方向，比如想要帮助某人的想法。展示出来的事物总是超越任何想法。这是他们会进入得那么深的原因。所以，避免想知道更多的企图是如此重要，比如，避免通过询问来知道这个女人的情况怎么样。

　　你们知道如果你们这样做的后果是什么吗？我该展示给你们看吗？

　　海灵格用力地跺脚。

　　海灵格（对大家）：这就是你们所做的，你们破坏了某些东西。

反馈和提问

我想是时候给你们机会进行反馈和提问了。我一次选三个人，每人给我一个问题或者一个反馈。

海灵格（对第一个案主）：你有什么想说或是想问的？

第一个案主：在上一个课程里我们看着一个您认为危险的情景。即使我仍有些怀疑，但现在我清楚地知道自己需要更常去看望母亲和父亲。我一直是第五个孩子，但在现实中我排名老四。当我们做归属的练习的时候我看到我是第五个孩子，我有一个姐姐在出生两天之后死了。

海灵格：你现在的问题是什么？

第一个案主：为何我会没有归属感？

海灵格：我无法对此说什么。我没有被提示。我感到自己在受到保护。好吧，我在这里打住。

海灵格（对大家）：刚才我给大家展示了一些非常重要的东西。无论别人想从我这里得到什么，我都保持平静。如果我被允许说或者做些什么，我会被告知。否则，我是被保护的。保护我不受什么的伤害？不被戏剧化的表演所伤害。

第二个案主：我有两个问题。第一个问题是关于隐藏动力的，就是一些秘密的东西。

海灵格：我不明白。

海灵格（对大家）：这是一个严肃的问题吗？不是，不然她会关心我能否理解她所说的。那么我在这里停下。

第三个案主：在冥想的时候一个男人从我的左边过来，戴着黑色的帽子，穿着黑色大衣。我无法问他想要什么，因为我有种感觉，就是他就在现实生活中存在，于是我睁开了眼睛。

海灵格（对大家）：这是一个严肃的问题吗？不是！她说话的时候在笑！你可以坐回去了。

海灵格（对大家）：你们学到什么了吗？结束游戏。我现在不想再问有谁有问题了，也不想说任何东西。但那是一个重要的学习体验。关于什么呢？关于灵性家族系统排列。这是游戏终止的地方。我现在让你们感到泄气了吗？或者我帮助你们意识到了我们正在处理严肃的事情？我会继续。有谁想与我一起工作？

一个男人举手并坐到了海灵格身边。

海灵格：我们之前没有一起工作过吗？

第四个案主：那是很久以前了，我有个问题。

海灵格想了很长时间。

海灵格：不。

案主：好吧。

排列：死去的朋友

海灵格：今天将会很严肃。好吧，有谁想要来和我们一起工作？

他选了一个举手的男人。

案主：最近我失去了一个朋友，我们并不常常见面。

海灵格：你现在想要从我这里得到什么？

案主：他的死让我很伤心，但我能接受。

海灵格（对索菲）：你明白他想要什么吗？你能帮帮我吗？

索菲：问题是什么？

案主：我感到非常恐惧。那是对我自己的恐惧，我从来没有过这样的感受。

索菲（对海灵格）：他说他的朋友死后，他就有可怕的恐惧感。

海灵格：没关系。闭上眼睛，看着你的朋友，在心里对他说，"都结束了"。

索菲看向一边。

海灵格（对索菲）：怎么了？有谁在那里？你继续。

索菲从她看的地方选了一个男人，让他来到台前。她让案主和这个男代表面对面站着。代表躺在地面上，躺在案主两腿之间。

案主轻抚代表的脸，他握着这个男人的手，将他的手往前拉。最后案主站起来，就好像他在一个死人面前感到无助。

索菲（对案主）：他是意外身亡吗？还是自杀？或者说他是怎么死的？

案主：他有肺炎，还有一些其他病症，然后就死了。

案主再次去到代表那里，轻抚他的头，又再次站起来。

索菲：对他说："我知道你还在这里。"

案主：我知道你还在这里。

索菲：对他说："因此我感到很害怕。我知道你在这种情况下没有其他人可以求助，没有其他人可以帮助你。"

案主：不。

索菲：告诉他"我知道在现在这种情况下你找不到其他人帮助你"。

案主再次回到死者那里并轻抚他的头。

案主：没有人帮我，也没有人帮他。

索菲：对他说，"那么现在你在两个世界之间游荡"。

案主：那么现在你在两个世界之间游荡。

他一直轻抚代表的背和头。代表用双臂紧紧抓住他。案主把头靠在代表的头上。他们轻轻拥抱。

索菲：这在某人突然死亡的情况下经常发生，尤其是在医院里。案主认为自己是朋友唯一的救星，因此抓住他。

索菲让一个女人和一个男人上台来。他们分别代表死者的父母，并站在死者的代表的对面。

海灵格（对案主）：你朋友叫什么名字？

案主：卡洛斯。

索菲：对他说，"卡洛斯，你父母在这里"。

案主：卡洛斯，你父母在这里。

索菲："他们在另外那头，他们会带你走。"

案主：他们在另外那头，他们会带你走。

索菲："他们在等你"。

案主：他们在等你。

索菲："你在那里会很安全，并会得到很好的照顾。"

案主：你在那里会很安全，并会得到很好的照顾。

索菲："当你去到那里，你可以决定是要留在那里，还是要回来。"

案主：当你去到那里，你可以决定是要留在那里，还是要回来。

索菲："回到地球，重新出生。"

案主：回到地球，重新出生。

索菲：对他的父母说，"这是卡洛斯，你们的儿子"。

案主：这是卡洛斯，你们的儿子。

索菲："我最好的朋友，现在请照顾好他。"

案主：我最好的朋友，现在请照顾好他。

索菲："这是我现在仍可以为他做的。"

案主："这是我现在能为你做的。"

"父母"去到"卡洛斯"那里，握着他的手，案主往后退。

索菲：对他说，"卡洛斯，和你的父母在一起，你是最安全的"。

案主：卡洛斯，和你的父母在一起，你是最安全的。

索菲："因为你死了。"

案主：因为你死了。

索菲："你死了。"

案主：你死了。

索菲："你死在了医院。"

案主：你死在了医院。

索菲："你死在了我的医院。"

案主：你死在了我的医院

索菲："而我仍然活着。"

案主：而我仍然活着。

索菲："我会再活一段时间。"

案主：是的，我会再活一段时间。

索菲："你死了。"

案主：你死了。

索菲（对父亲）："我们想念你。"

父亲：我们想念你。

索菲（对母亲）："到我们这里来。"

母亲：到我们这里来。

案主往上看。然后他坐到海灵格旁边，过了一会儿，他深深地吸气。

索菲：你现在怎么样？仍然感到愧疚吗？

案主：是的，还有一点点。

索菲：告诉他，"我看到你仍然想活下去"。

案主：是的，我看到你仍然想活下去。

索菲："我为此感到难过。"

案主：我为此感到难过。

索菲："如果你又感觉好了，请你现在再给我一个小小的提示。"

案主：如果你又感觉好了，请你现在再给我一个小小的提示。

索菲："这样我会感到又可以工作了。"

案主：这样我会感到又可以工作了。

死者的代表移动他的右腿并将腿伸展开来。

索菲："我可以将这理解为你的接受吗？"

案主：我可以将这理解为你的接受吗？

死者的代表又移动了他的右腿。

索菲（对大家）：对于那些在医院死去的人来说，这是一件严肃的事情。你们知道有多少人在医院从他们的病床上掉下来吗？

索菲（对案主）：你对此感到熟悉吗？

他点头。

索菲：一个研究项目曾写道，一个不能动的人从床上掉了下来，而就在前不久另一个病人就在那张床上去世。这些死去的人并没有马上意识到他们已经死了，于是他们就把下一个被放到床上的病人扔下了床摔死了。这意味着，根本没有死人，只有不同的生命存在形式。

生命是能量，能量是不灭的。因此我们可以就像对活人一样对死人说话，就好像他们仍然在我们中间一样。如果我们根本不听他们的声音，或者没有人可以听到他们，他们就没有其他的希望和机会，他们就经常会将我们绊倒。当我们看到这些，被绊倒的原因就不存在了。

索菲（对案主）：我想如果你有个医院的话会了解这一切。我正在惊讶为何会有50个死去的人在这里。那些面孔，老的，年轻的，他们都出现在这里。这在以前从未发生过，从课程的第一天开始就从未发生过。

案主点头。

索菲：我们只能把他交给他的家人，他了解那个地方的能量。他的父母是否还活着并不重要，每一个人都在身后留下了一缕物质存在。因此那些自杀的人，那些意外事故的受害者，所有那些突然死亡的人，他们都还在这里，并在寻求帮助。有些人感到害怕，另外一些人会嘲笑这件事。但你来自阿根廷，那里的人和死者的联结与欧洲人与死者的联结不同。

案主犹豫了。

索菲：或者并没有，我不知道。

案主：我不知道你指什么。

索菲：我认为你在另外那个世界的朋友知道你会到这里来，而你就在这里。因此你也有这样的恐惧，因为这样他就获得自由了。

索菲（对代表）：你现在自由了吗？你现在还在这里吗？说是或者不是。你还在这里吗？

代表：不是。

索菲（对大家）：他不在这里了。没有人会知道我们是否会有这样的命运。我在这方面有30年的经验，这并不是玩笑，对他们或对我们来说都不是玩笑。

案主：我和那些重症监护室里的家人一起工作。他没有家人，但我想他还能活很长时间。

索菲：在我们结束之前，我想要告诉你一些东西。在离圣保罗不远的地方有一个诊所。有个心理医生，他诊所的精神分裂症治愈率达70%。所有家人都必须和患者一起去诊所，至少待30天。整个家庭都要了解他们是如何工作的。如果有人患了精神分裂症，那么就意味着在他的家里有人死了却没有人知道。所以这个人仍然觉得自己是这个家庭里活着的成员。

海灵格（对案主）：你现在感觉怎么样？

案主：感觉好多了，谢谢！

索菲（对大家）：如果这个不被解决，就会不断地有这种原因引起的死亡发生。

海灵格（对案主）：现在你知道如何处理这个了。

海灵格（对案主）：他真是你的朋友。

案主：是的，他曾经是个画家，几个月前他给我画了一只猫。这幅画对我非常重要。

索菲：很好，猫有九条命！对他说，"你真是我最好的朋友，甚至超越了死亡！"

案主：你真是我最好的朋友，甚至超越了死亡。

索菲："感谢你，卡洛斯！"

案主：感谢你，卡洛斯！

索菲：这是男人之间的友谊。

案主：卡洛斯比我大15岁，我们是通过一个共同的朋友认识的。

索菲："我最好的朋友，我爱你。"

案主：我最好的朋友，我爱你，谢谢你！

卡洛斯的代表回到了他的位置，非常感动。

索菲（对大家）：你们可以看到这有多么令人感动，我们是如何被其带领的？事情和我们想象得如此不同。

案主：是的，是的！

海灵格：好吧，祝福你。

海灵格（对大家）：索菲把我们带进了另一个维度。她会在这个课程里更多地向大家展示她在这种情境中的觉知。

索菲（指着地面）：还有很多离开的死者都看着这里，朝这个方向。

海灵格：所以这是我们的开始。我们还不知道这将把我们带向何方。我们希望你们有一个美好的夜晚，明天见。

片刻凝思：死亡意味着继续

并非所有的死亡都意味着继续向前。否则的话不会有那么多死去的人干扰我们的生命。比如说，他们（死去的人）通过把活着的人吸引向死亡来干扰我们。就像在一条斜坡路上发生了一起特定的意外事故，这个事故之后另一个人也在那里以类似的方式死亡。

这些死者在那里徘徊，因为他们并没有真正死去，真正的死亡仍然需要发生。问题是，我们如何能保护自己，不受他们的影响？我们要如何做才能帮助他们开启通向另一种生命的过渡，使他们超越死亡？

首先，在我们自己的死亡远未来临之前，我们要为自己的这个过渡做好准备，这包括摆脱我们可以在这里永远继续生活下去的想法——通过我们的成功，通过我们的成就，通过我们在社区或世界中的地位，通过我们的名声。如果我们在意外中死去，我们就会一直停留在这种想法里。如果我们执着于未完成的事项，就会为了继续我们看似短暂的生命，而制造另一个生命，去完成自己在活着时未能完成的事项，而不是让他（她）以全新而又广阔的方式生活在另一个地方。顺便提一下，我们会为他人的死亡感到懊悔，尤其是那些亲密的人。我们表现得就像他们失去了什么似的，而他们其实已经找到了一种全新而又伟大的东西。

　　第二，这种过渡始于当下，通过逐步放下我们的计划，放下我们的悔恨，放下我们的悲伤和恐惧。我们因此而停留在地面。一切都已经完成，每时每刻都在此时此地，归于中心，朝向圆满，与它自在合一。我们可曾以这样的方式抵达终点？我们找到终点了吗？我们处在当下人生的同时，是否也已经在其他地方达成了圆满？我们是否为那些死去的人提供了诱饵，吸引他们来到身边，来喂养我们，就好像我们想要把他们留在这里，留在我们此刻的人生里，并让他们像我们一样不圆满？所以，我们现在的人生和我们认为没有身体却依然可以继续的那个人生，两者之间的过渡是从哪里开始的呢？在通常意义上，后者是没有成就的，却因此在一个更广阔的意义上有了成就和自由。其实，这个过渡已经开始了，我们看着另一种广阔，被另一种力量所引领，永恒地引领。引领去哪里呢？笃定从容地到达一个永恒的"是"。

巴特赖兴哈尔：第二天

这是2013年在巴特赖兴哈尔进行的一个课程的案例：第二天。

问题

海灵格：我想给你们一个提问的机会，经过昨晚你们心里可能会浮现出一些问题。我可以想象你们会有些很重要的问题，也想问问索菲。如果你有问题，请把手举起来，这样我可以看到。

生命支持，器官移植，昏迷的病人

第一个案主：我有个问题想问索菲，我想问她能否多讲一些有关那些为了活下来而使用机器来维持生命的人。还有一些有关器官移植的问题。

海灵格：先提一个问题。

索菲：那些连着机器的人并不是处于中间状态的人。他们的身体在这里，心智也在这里。我想要提供一个例子作为证据。比如说，最近有一个在波兰昏迷了17年的人，他的亲戚们经常来看他并告诉他家里发生的事情，就好像他还活着一样。有很多研究是有关这个方向的。问题是，我什么时候可以关掉设备呢？我会说：再也不能了。一旦这种事情发生，一旦一个人和机器相连，那对这个人的灵魂来说就有着非常重大的意义。

我女儿曾在一家医院实习，照顾一些昏迷的患者。那里有个女孩已经昏迷了12年了。她告诉我，即使这个女孩处于昏迷状态，她也能够用非常细微的手指移动来示意。比如表示是或否。这是她唯一能回应别人的方式。昨天，我们也在死者的代表身上看到了这一点，当我问他是否能听到我说的话，他就能用脚给我一个提示。

器官移植

只是简单讲一下有关器官移植的问题。问题是，我们的器官具有记忆吗？它们有。有一个在美国的心脏移植案例。一个男人在一次意外中死亡，另一个年轻的男人获得了他的心脏。这个捐赠者的妻子太爱她的丈夫了，以至于她想见见这个胸膛里仍跳动着丈夫心脏的男人。这对这个寡妇和这个受捐者来说都是严峻的挑战。受捐者的家人都来到了实施器官移植手术的医院，但这个寡妇却没有来。受捐者的家人打算接他出院，但是他说："不，她很快会到。"所以他们留了下来。然后这个寡妇进来了，为了避免独自面对这个压力，她也有人陪同而来。这个女人说他们已经到达医院二十分钟了，但是他们刚才迷路了。然后他们面对面坐着。

过了一会儿，寡妇对这个受捐者说："我可以把我的手放在你的胸口上、我丈夫的心脏上吗？"这个年轻男人汗如雨下，说："当然可以"。

然后受捐者说："你拥有世上最美的眼睛。"这个女人开始哭泣，因为她的丈夫也曾对她说过这句话。然后受捐者用德语对她说："现在一切都好"。这个受捐者从来没有这样说过话，他的家人也从来没有听过。这句话是这个女人和她的丈夫吵架后"休战"的标志。

这颗心有记忆吗？很多事情都没有被科学研究证明，因为我们仍然在因果的范畴里运作。没有什么会消失，正如我们昨天已经讲过的，否则家族系统排列根本无法运作。所有时间范围内的一切都被存储和记录了下来。

海灵格（对案主）：我觉得这就够了。

海灵格：我也想说说关于器官移植的事。捐赠人在受捐者体内活着。问题是，受捐者还有他自己的生命吗？或者他从此开始就过着捐赠人的人生？他还是他自己吗？我们必须考虑到这点。一次器官移植会有四方被卷入进来：

第一，那个同意移植的人。通过一个移植合同，他把自己引向更早的死亡。通过这个，他已经杀死了自己。

第二，所有那些同意这次器官移植的家人。

第三，当然还包括这个医生。

第四，这个受捐者。他非常清楚有人必须为他而死。这必须直接说出来。问题是，死后会怎样呢？这些对生命与死亡的干预对我来说是可怕的。

灵性家族系统排列

第二个案主：昨天我试着发现灵性家族系统排列和以往的模式的不同，然后我就理解了。我一直是把家族系统排列理解为灵性排列的。昨天我看得特别清楚，真正把死者带到他父母那里，然后他就会被深深地影响。这种深度对我来说是全新的。但我们总是与这些看不见的能量场联结，我们都是媒介，我昨天明白了。

海灵格：你说出了我的心里话，家族系统排列一直都是灵性的排列。问题是，我们曾经对它敞开吗？在家族系统排列的灵性工作道路上的障碍是心理治疗。我们采用家族系统排列作为一种心理疗愈的方法，而不是去跟随一个灵性的移动，我们为了自己而应用这种方法，并为自己的成功感到骄傲。没有理由这样做。问题是，当我们背离了灵性，背离了这些力量所带来的敬畏，我们真的帮到他人了吗？你说出了我的心里话。

排列：我在笑

海灵格：现在我们继续。灵性家族系统排列从哪里开始呢？它从选择开始。所以我要问，有谁想要来和我们一起工作呢？然后就会有很多人举手，接下来我就必须用一种灵性的方法来处理。昨天我的最后一个排列，那是一个灵性的排列，是让许多人产生很多移动的排列。我只知道我必须选他，但我不知道为什么。这也是我将要在这里所做的。

因此，有谁想来和我们一起工作？和索菲与我？我只是称它为工作。现在请举起你们的手来，然后我会选某个人。我不认识这里的任何人，所以我将被另一种力量所引领。

海灵格选了一个女人。她来到台上坐在海灵格和索菲中间。

海灵格：现在你们看到差别了。当有人上来并说：给我做个排列。如果我为他做，我还能和其他力量保持联结吗？

海灵格（对案主）：闭上你的眼睛。我会给你一句话，你在心里说这句话。我不知道那是什么意思，那句话是"我在笑"。

海灵格（对大家）：这句话可以应用到这里每个人身上。你可以在内心感知到这一点。如果你也说这句话会发生什么呢？有些什么回归序位了呢？

过了一会儿。

海灵格（对案主）：你的议题是什么？

案主：我想看看我和男人之间的关系。

海灵格（对案主）：一个都没有。

海灵格（对大家）：你们看到她笑了吗？

海灵格（对案主）：我在这里停下。

练习：是的

海灵格（对大家）：闭上眼睛。我们去感知自己的内在，在哪种情形下我们会对自己感到害怕的事情发笑？我们如何超越这种奇怪的笑？这个词是"是的"。我问自己，如果我们成功地完成了这个练习，那么我们的夫妻关系会怎么样？

排列继续：我的父亲

索菲（对案主）：哪个死去的人和你关系很近？

案主：我的父亲。

索菲：好的。

过了一会儿。

海灵格（对案主）：再到这里来。

海灵格选了一个人代表她的父亲。男人走到台上，站在那里。海灵格让案主站在他对面。案主看着地面开始哭泣。"父亲"深深地叹气，抱着上臂，看着地面，慢慢地跪了下来。

索菲（对案主）：对他说，"我曾经多么希望你死去"。

案主：我曾经多么希望你死去。

索菲："现在我感到如此愧疚。"

案主：现在我感到如此愧疚。

索菲："你所有的症状都在我的身体里继续。"

案主：你所有的症状都在我的身体里继续。

"父亲"蹲在地上，蜷缩着身体，双臂捧着脸。

索菲："通过你，我鄙视并爱着所有男人。"

案主：通过你，我鄙视并爱着所有男人。

案主掩面。同时，"父亲"躺倒在地，双拳紧握。

索菲：他也受制于此。他病得很重，非常严重。没有人站在他那边并理解他。

案主哭泣，并用手捂住脸，然后跪了下来。"父亲"趴在地上，他用力捶地并打滚。

索菲：没有人站在他身边并理解他。

案主慢慢地跪着滑向他，她将手放在他背上轻抚他。

索菲（对大家）：我们大家可以都怀着爱看着他吗？我们曾多少次被人拒绝？曾多少次被人希望我们死去？曾多少次孤立无援，而那些陪伴在我们身边的人却并不想帮助我们？每个人都了解这种感受。看向你的内在，有多少次你暗自经历了这一切？当那一切发生的时候，你开心吗？

我们向外发出的一切都将回到我们身上来。这不是惩罚，我不是在说惩罚或者罪过。我是在讲心念的力量。

索菲（对案主）：他死了吗？

"父亲"现在躺在地上，仰面朝天，摊开四肢。然后他用手捂着脸。案主怀着爱看着他。她倾向他，头靠在他的胸前。

索菲：你曾看过他的眼睛吗？

索菲（对大家）：我们的父亲也躺在这里，不仅仅是她的父亲。我们是如何看待他的？我们曾对他有何期待？

我的父亲

闭上你的眼睛并且加入进来。听这个句子:"我的父亲。"接下来发生了什么?

"父亲"坐直身体,他和案主轻轻拥抱。案主看向外面。

索菲:所有上过男人课程的男人,看看她是如何拥抱父亲的。你可以看到,那意味着希望自己拥有什么。她想要拥有和攫取。她心里的痛不会停止。

索菲:我们情不自禁,没有人可以来干预和帮助。我们的生命带领着我们每一个人,去那些在某些阶段我们可以感知的地方。

索菲走到他们身边并看着他们的脸。"父亲"想要拉案主靠近自己。

索菲(对大家):只要她的心和他的心不一致,他就无法自由地离开。

索菲(对父亲):你不要把她拉过来。她必须自己做到这个。

案主再次拥抱"父亲",但仍然不看他。

索菲(对案主):只要你一直不忘记,你的心灵就一直不会移动。心灵是爱的器官,它对仇恨做出反应。和它一起移动,做你想要做的。你只是想要做些不同的事情,但我不会干预。

"父亲"看着案主的眼睛。

索菲:父亲从未放弃希望。父亲不会放弃孩子终究会回来的这一希望。我的父亲,我唯一的父亲,所有地球上的父亲。进入心灵,感受父亲的心灵。那么的沉重!我们的父亲,我的父亲!只要我们无法忘记自己的想法,心灵就无法自由。我们仍然有理由不爱他，为何我们不能对他说："我亲爱的父亲！"他做过什么并没有关系，今天已经不重要了。没有任何偶然发生的事情。没有坏人。只有神圣的人。

案主和"父亲"再次拥抱，她再一次看向旁边。然后"父亲"仰面躺下。索菲走到他身边，轻抚他。

索菲：韩国的所有父亲都躺在那里，巴西的所有父亲都躺在这里，俄罗斯的所有父亲都躺在这里……我们轻轻地抚摸他们。还有所有其他的父亲，所有曾经存在过的父亲。

案主也轻轻抚摸父亲的脸。

索菲：他内心的痛苦是难以忍受的。

海灵格：好吧，我在这里停下。

我们的父亲

闭上眼睛。让我们看着我们的父亲并对他敞开心扉。然后，作为父亲，我们看着我们的孩子，我们所有的孩子，我们对他们完全敞开心灵。

索菲：女人们，请看着我们的丈夫，我们的父亲，我们的孩子。

海灵格：亲爱的父亲。

索菲：亲爱的父亲，亲爱的爸爸。

过了一会儿。

海灵格：亲爱的，地上的父亲。

过了一会儿，再一次。

海灵格：我建议大家和你的邻座组成小组，每组四个或者五个。每个人都对其他人说说自己的父亲。

反馈和提问

索菲：让三个人来分享他们想要分享的有关父亲的事和这一阶段的体验。

索菲选了三个人并要他们到台上来。

清白和罪恶

第一个案主：我知道我爸爸还活着对我有多重要。但我们之间不是隔着墙就是沟壑。这是我五岁时发生的事。我也看到我们在生活中的行为是多么相似。我想疗愈这段感情，但有些事情会干扰我。

索菲：当你五岁的时候你是怎么知道发生了那些事情的？谁告诉你的？

案主：我不知道。我尝试找过发生的原因和时间。

索菲：那么你是怎么知道的呢？你没有回答我的问题。当你只有五岁的时候，是谁告诉你的？

案主：我自己告诉自己的。

索菲：一次又一次，甚至直到现在。

索菲（对大家）：她仍然在因果层面运作，这是心理治疗。你曾经接受过心理治疗吗？

案主：是的。

索菲：现在还有吗？

案主：现在没有了。

索菲：我不想介入竞争。每一个人都可以自由地打开心扉并且说，它就是那样的。但有些东西在头脑深处，那是复仇和拒绝。但它会走得更远。也许它会在这些天出现。不管怎样，你会在你和你遇到的男人那里发现同样的情形。

案主：是的。

索菲：谢谢，我想要在这里停下了。

索菲（对大家）：我是无辜的，因为这件事发生在我身上了。因此直到今天，我不能爱和尊敬我的父亲。我们没有意识到这一切发生在我身上，仅仅是因为我们仍然还需要进一步的发展。我们可以一辈子都在一个仓鼠的转轮上打转，并且说："我已经经历完那一切了"。然后只需要一个和这个人有关的特殊的声音、气味或颜色，我的情况就会变得更糟。爱没有评判！爱是看着那个圆环说："人类的经历是如此丰富多彩。"如果有人对我做出奇怪的举动，我会知道我代表着某种他想要在其内心隐藏的东西，或者我拥有某种他也想要拥有的东西。

无论何种情况，它都与我面前的这个人有关。解决方案是什么呢？我微笑。一个人可以展示自己的许多层面和不同深度。只要我仍然在继续说："你，我的父亲，你做了些事情。我总是一次又一次地在我们之间问同样的问题：谁是无辜的？谁是有罪的？"人生并不是来区分有罪或者无辜的。如果我们非要说这两个词，我可以说：每一个人都是无辜的，每一个人都是有罪的。因此，最好是忘了这两个词。

美妙

下一个案主是个男人。

索菲（对大家）：你们想要对他微笑，看看他在哪里以及他是怎么样的吗？

索菲（对男人）：你很棒，很独特。

她把他的右手放在他的心脏上。

索菲：心灵是不能被欺骗的。它不允许被欺骗。你是被爱的。

第二个案主：我的父母失去了几个小孩，因为我的母亲流产了几次。我在头脑中一直都能够理解这件事——这令人难过。但今天我第一次感受到父亲所承受的痛苦。

索菲：想象一下，你所有的兄弟姐妹的爱都出现在你心里。你的父亲用这样的方式看着你，他也看着他所有的孩子。

案主深深地感动了。

索菲：在心里对他说，"亲爱的爸爸，现在我也是一个父亲了，我了解了一个父亲的感受，爸爸，我和你一起感受"。

案主哭泣。

索菲：难道父亲们就不美好吗？被深爱的父亲们！这些美好的男人。他们是如何隐藏、掩盖他们的感受的？他们多么的谦逊。谁说男人比女人遭受的痛苦更少呢？你谈到了这些很好。谢谢你。

一个真正的男人

第三个案主边哭边笑地说："我在流鼻涕"。

索菲递给他一张纸巾。

索菲：你父亲把这个传给你。他们经常这样做吗？你愿意说点什么吗？还是现在这样就可以？

索菲（对大家）：你们必须和他一起感受，对于一个男人而言，表达感受是一件多么困难的事情。女人们很容易这样做，但一个男人呢？

案主：我需要一点时间。我想说出来是很重要的。通往心灵的道路，通往父亲的道路，以及通往许多心灵的道路——是我的母亲向我们展示了这些。

案主抽泣着。

索菲：但现在越来越多的男人可以这样做了。我们已经在给男人的课程里看到这些了。没有人可以做到，直到第一个男人鼓起勇气这样做。只有这样其他人才感到被允许这样。但如果你表达感受，你仍然是一个完整的男人。也许你因此而成为一个真正的男人，一个完整的男人。

索菲和他一起站起来。

案主：我是一个完整的男人，乔尔。我是一个真正的男人，和你一样。沃尔夫冈，我是一个完整的男人，感谢你。

案主笑了。

索菲：对他说，"我的灵魂为你跳动，爸爸"。

案主：是的，我的灵魂为你跳动，爸爸。

索菲：谢谢你。

大家鼓掌。

海灵格：唯有那些直达心灵的东西才是重要的。

排列：不

现在我们来做另一个排列。有人有问题，或者有人想来和我们一起工作吗?

　　一个女人举手了,上台坐在了海灵格和索菲中间。

　　过了一会儿。

　　海灵格:闭上眼睛,在心里用脚跺地说,"不!"

　　她用力地跺脚。

　　过了一会儿。

　　海灵格:对你的母亲说不。

　　这个案主开始哭泣。

　　海灵格选了一个人上台来代表她的母亲。然后他让案主站在代表的对面。"母亲"轻轻地摇头。案主哭泣。她朝"母亲"走了几小步。"母亲"慢慢地在地上坐了下来。案主也在地上坐下来。"母亲"的动作很激烈,用手搓她的右边膝盖。

　　索菲:你母亲死了吗?

　　案主(摇头):没有。

　　索菲:你母亲有心脏病吗?

　　案主:有很轻微的心脏病。

　　"母亲"的动作依然很激烈。她向右侧躺在地上,看着案主。案主走到她身边轻抚她的背。"母亲"从案主身边移开,并站起身来。案主坐在她旁边想要抚摸她。"母亲"转向一边,看向地面,想要从案主身边撤离。

　　海灵格:对她说,"不!"

　　案主(用微弱的声音):不!

　　海灵格(对案主):转过身去。

她缓缓地转过身。"母亲"用力甩着右手，就好像她要甩开某个推她的人。

索菲：有谁有心脏病？

案主：我的祖父，我父亲的父亲。

"母亲"安静了下来。

海灵格：母亲现在怎样了？好些还是更糟了？

索菲（对想要转身离去的母亲）：右手的移动停止了吗？

母亲：我感到好些了。这个移动停止了，但这条胳膊非常重。

索菲选了一个男人代表这个案主的爷爷，也就是她母亲的公公，并让代表站到"母亲"旁边。

索菲：站到那里，你是她的公公，她女儿的爷爷。

"爷爷"站在"母亲"的右边，看着地上的她。"母亲"对他转过头。过了一会儿，他趴在"母亲"身边。"母亲"转向他，她轻轻地抚摸他并在他身边躺下。案主转向他们。

海灵格（对案主）：再次转过身去。

海灵格：好吧，就这样了。感谢代表们。

索菲（对正要离去的案主）：你的右臂现在怎样了？

案主：没什么，是左边的手臂。我在一次意外中完全弄断了左边的手臂。

索菲：但现在是右臂，右臂没有力气吗？

案主：有力气。

索菲：好的，谢谢你。

索菲（对大家）：这是一个有着共同命运的伴侣关系。

冥想：我们的不

海灵格（对大家）：闭上眼睛，在心里看着我们的母亲，也看着她对我们的期待。终于，我们对她说"不"，并转向我们的父亲和我们的生命。

我为你

这是一个我们可以学些东西的训练课程。一方面，为了我们自己，另一方面，为了我们所面对的人，那些对我们有所期待的人。

有两句话危及生命。一句话是"你为我。"这个句子主要来自母亲，对这句话的回应是："我为你。"

那句没有说出来的话是："我为你而死。"即使母亲并没有说："你为我。"很多孩子也会在心里说："我会为你而死。"所以"我为你"这句话有时并不只是一个回答，它是一个内在的声音，一个怀着"我可以拯救你"这一想法的声音。

问题在于，我如何能拯救她？我必须要做什么？我必须要为她承担什么？

我因此而占据着怎样的位置？我们是凌驾于生与死的上帝吗？我们以为自己可以使他通过伤害我们自己，拯救我们的母亲。"我为你"这句话是西方宗教以及一切灵性道路的基础。

那么真正的上帝呢？

冥想：我活下来

现在闭上眼睛。我们来自我检查一下，我们是怎样用语言或者用行为，对我们的母亲说了这句话？我们是怎样和所有的结果一起，在内心对一个孩子说了这句话？比如说，当我们在关心的掩护下等待他们的死亡时？

我们可以对孩子，或者对伴侣说什么呢？这句话来自心灵深处，它从大地升起迎接我们。在那里，它到达我们的心和我们闪亮的眼睛。这句话是："我活下来，活在生命的圆满里。"

应用语句

我在这里展示实际应用的例子。

当我坐进车里，准备开车的时候，我对自己说什么呢？我说："我活着。"

我对我的摩托车做什么呢？我把它留在房子里。我如何对待高风险的运动呢，比如攀岩、跳台滑雪、冲浪？我不做这些运动。

电视上播赛车比赛之前我会怎么做呢？那是一种危险的比赛，在那里所有人都默默等待某种不幸发生。我会怎么做？我会把电视关了！这种情况下，内在疗愈的句子是："妈妈，我活下来。"

让孩子们感到高兴的句子是什么呢？"亲爱的孩子，我会活下来！"

妻子要对她的丈夫说什么？丈夫要对他的妻子说什么？"我会活下来。"

反馈和提问

被堕胎的孩子

海灵格：关于今天上午的课程，我们想要给你们反馈和提问的机会。

第一个案主：我堕过胎。我的问题是，是我直接给了这个孩子指令："你为我"吗？

海灵格：是的，但还有更多。我想索菲作为一个女人可以解释得更好。

索菲：我们总是对罪恶感到愧疚，但我们需要考虑到一切事物都是相连的。感到愧疚并不能摆脱责任。我们想要做的是带领人们承担更多的责任。全世界有各种培训课程和学校，但却没有为成为一名父亲或者母亲而准备的功课。

我们设想一切就那样可以了，但面对一个有着更大意识的全球网络，我们无法避免地意识到，我们做的任何事都需要他人来承担。

我们不能忘记一个没有出生的孩子也有完整的意识和潜意识，并且他知道等待他的是什么。不管怎样，我都认为堕胎是谋杀，因为物质的身体被摧毁了。只要你不肯为你的行为承担责任，这一事实就会留存在你的生活空间里。它环绕在你的周围，在你儿子的周围，在你丈夫的周围。一切都在等待爱和责任的降临。

空

海灵格：对此我想要说些东西。当我们看向自己的时候，如果我们看着我们的愧疚和悔恨，我们就会绕着自己打转。在中国的伟大智慧之书《道德经》中，有一个思想是围绕一切的。书讲到空，因为终极的原初那里并没有"存在"。所有的"存在"都有界限，因此它就不是无限。这个终极就是空。

海灵格（对案主）：对你来说，要让这个孩子或这些孩子去信任这个终极的空，这可以是一个内在的行动。所有的一切"存在"来自这个空并回到这个空那里。这个空是我们一切经验的核心。一切都围绕着这个中心。

假设在我们面前有一个轮轴，我们必须承认这个轮围绕着一个中心，上下绕转。比如说，我们向上移动，进入清白，然后同样往下移动，进入罪恶。这两种移动组成同一个移动。没有清白就没有罪恶，没有罪恶就没有清白。世界通过这矛盾对立的两面运作。

因此，如果没有坏人，那么好人永远没法到达目的地，并且也没有一个人是无罪的，反过来也是同样的道理。因为只要我们进入罪恶与清白的层面，我们就与这个终极分离了。因此，没有人会遗失。这样一个孩子永远不会被丢失，他留存在这个循环里。也许我们也曾是被堕胎的婴儿，但现在我们在这里。我们知道那意味着什么。因此，最基本的姿态是：向这个终极臣服。

案主：谢谢你。

排列：被堕胎的孩子

索菲：一共有几个孩子被堕胎了？

案主：三个，还有一个是流产的。

索菲：他们的性别是？

案主：两个儿子和一个女儿。

索菲为那些孩子选了代表。她将他们按照顺序并列排出来。然后把那个流产的孩子的代表和案主排在了他们的面前。其中两个孩子很平静，另外两个很不安。

索菲：我们可以清楚地看到她和哪个孩子有联结，以及她很高兴哪个孩子离开了。这些心灵的能量和意识从那个时候就了解她的感受。每一次堕胎导致的身体痛苦都存储在这些被堕胎儿的生命意识里了。

过了一会儿。

索菲：你可以看到，这个孩子想要活下去，第一个也是。

这些孩子都躺在地上。案主跪在他们旁边并轻抚其中一个。

索菲为活着的孩子选了一个代表，活着的是一个儿子。儿子的代表站在第二个一直坐着的被堕胎的孩子的代表后面，他们手拉着手。"儿子"用一只手捧着自己的头。

索菲（对儿子）：你感觉怎么样？

儿子：我感到负担很重，很难呼吸。

案主对死去的孩子伸出了手。

索菲：在这一切发生之后，你无法再期待她去你那里。我们可以通过一个排列启动移动，如果母亲看到这一点，移动就会开始。

过了一会儿，母亲对"儿子"伸出了一只手。

索菲：她对谁最有兴趣？当然是对他。

索菲（对案主）：他只有在你平等地对待他们两个之后才能轻松起来，这关乎责任。当一个女人坐在这里并且说："我堕过胎"。在很多人面前大声地说出来后，她就不再是以前的自己了。因为在座那些也有过堕胎经历的女人也来到了这个场域，所有她们活着的孩子也如释重负了。如果母亲这样做，儿子就不再需要做了。

索菲（对儿子）：有些东西发生改变了吗？

儿子：我感觉好些了。

索菲（对案主）：如果你不看他，他会感觉更好。

索菲（对大家）：他正在检测她的情感是否真诚。

索菲（对案主）：保持这种无条件的爱。让你的想法回到它曾经的样子，允许自己感受当他们离去之后，自己是如何轻松起来的。

如果他们今天在这里，事情会是什么样子呢？仍然很好。这也会起作用。但现在它就是如其所是的样子。

案主很感动。当她对活着的孩子伸出手的时候，她也对被堕胎的孩子伸出了手，他们两个轻轻地拥抱。

索菲（对大家）：现在她的感受已经非常真实了。现在这个孩子已经放开了兄弟的手。第一颗眼泪落了下来。我想这就够了。谢谢你们。

索菲（对大家）：它看起来好像掌握在我们手里，但似乎并不。我们自己最终决定我们的生命。

忏悔

第二个案主：就在昨天的工作坊开始之前，我的一个朋友给我打了电话。我们很久没有联系了。现在她突然频繁地联系我。原因是她的兄弟有一天从窗子跳下去了。我朋友认为那不是自杀，因为他刚刚列出了一个很长的关于他这一生仍然想要成就的事情的清单。我的朋友还说，她的这个兄弟两天前突然失忆了。我知道没有巧合，所以这个电话也不是巧合。我现在感觉很不好。

海灵格（对大家）：这是一个错位。她的朋友把某些东西错误地放在她身上了,而不是转向她自己。问题在于,她该怎么做呢?

海灵格(对案主):你对你的朋友说,"他在我心里有一个位置"。就这样,仅此而已。

海灵格(对大家):有多少次有人向你倾诉?你感觉如何呢?

索菲:你告诉你的朋友,你现在所告诉她这个是出于你对她兄弟的爱。你告诉她:"我在德国某个地方参加一个活动,奇怪的是,这个活动的主题是自杀以及死去的人。"这样她就通过你进入了这个场域。她的兄弟看起来已经在这里了。每一个想法都是现实,它已经是现实了。你曾经扮演了某个角色,没有巧合。你曾经爱过这个兄弟吗?

这个案主点头,轻轻地笑了。

索菲:所以,他向你求助了。告诉他,"我仍然爱你"。

案主:我仍然爱你。

索菲:但你不需要认为如果你和他的关系变得认真他就不会死了。告诉他,"我的爱留下了"。

案主:"我的爱留下了。"

索菲(对大家):你们可以看出这一切有多神秘。她没有告诉我们真正重要的东西。

案主:谢谢你。

索菲(对大家):她还在和她现在的丈夫继续这个故事。为什么这和她现在的伴侣有联系?我不知道,但信息已经很清楚了。

死者

海灵格:我想说些和死者有关的事情。他们在等待一件事,一件最重要的事。我现在要说的是非常大胆的：他们在等待我们允许他们死去。然后与这种意识的联结就终止了。在另外那边，并没有死去的人。

排列：人工授精

现在我来做一个排列，好吗？谁想和我们一起来？

一个男人举手，坐在了海灵格身边。

海灵格：有两个不断出现的层面。一个是狭窄的、"指向自我"的层面，它有关愧疚与清白，在这个层面做些什么是很重要的。在另一个层面，我首先让自己沉静下来，我与它协调一致并且等待一个信号。

海灵格（对案主）：我有了一个提示。你闭上眼睛，允许这句话和你一起工作。

海灵格（对大家）：你也可以让这句话和你一起工作。这句话是："感谢上帝。"

过了一会儿，海灵格选了一个代表让他来到台上。

海灵格（对代表）：你代表这句话。

这个代表单脚站立，并且来回摇晃。然后他转向右边，单腿站立并且摇晃。然后他倒在地上躺下来。

索菲（对案主）：有谁经常哭吗？

案主：我母亲。

索菲：她还活着吗？

案主：是的。

索菲：她还在哭吗？

案主：是的。

索菲：她为谁而哭？

代表不安地移动他的腿。

案主：因为她在3岁的时候失去了母亲，12岁的时候失去了父亲。

索菲：有谁的大脑出了问题？

案主：我的弟弟失明了。而且我们家最大的孩子仍和我妈妈一起生活。

代表的腿仍然不安地在地上移动。

案主：我在经历我的第二次分离，与我的第二任妻子。两年前我们尝试了两次人工授精。这些尝试都没有成功。今天早上我第一次真正把这些联系起来。我曾经认为那没什么重要的。

索菲：那么今天早上你想"感谢上帝，那没有起作用"，是那么回事吗？

案主（摇头）：不，不。

他看着索菲并笑了起来。她也大笑。

案主：我尝试着和他们联系，和另外这个人，和她的许多孩子，我试过了。

海灵格：所有这些尝试都是傲慢。

案主点头。

海灵格：你期待这些孩子如何感受呢？如果他们出生的话？他

们是来自上帝的礼物吗?

索菲：他们不想来，然后他们说，"感谢上帝"。

男人点头。代表已经躺下了，手臂和双腿张开，眼睛闭上了。

索菲（对代表）：你听到这些后有什么变化吗?

代表：有变化，有光。

索菲：你想说"感谢上帝"吗?

代表：我不知道，我什么也不想，只是躺在这里。

索菲：你还在这里吗？或者你已经不在了?

代表：我在这里!

海灵格：我想我们可以在这里停下了。

案主：感谢你，感谢上帝。

冥想：另一种力量

海灵格：我在想，人工受孕发生的时候，谁是占主动的人呢？是父母吗？是这个孩子吗？还是另一个力量?

我们想象这个力量在一切的背后运作，这个力量掌控一切，比如说，无论孩子是否流产，或者是否被允许活下来，无论他将健康还是生病，全都掌控在其他力量手里。

现在我们闭上眼睛，当父母的人，是孩子的人，对这个力量说，"是的，我在这里！感谢你！"

过了一会儿。

海灵格：我建议我们组成小组，交流我们的体验。这种交流会让我们卸下重担。

反馈和提问

海灵格：我们来继续。我想要给你们一个反馈和提问的机会。首先，我想说说愧疚的感受。

愧疚感

海灵格：今天下午所发生的，以及索菲所说的，都进入了灵魂深处。但我们仍然有对于面对所发生事情的内在抗拒。主要的抗拒源于愧疚感。愧疚感永远是自以为是的，但我们无法把这种感觉推开，我们必须经历它。然后我们到达一个层面，在这个层面我们的愧疚看起来很荒谬。在这些更伟大的力量面前，愧疚显得很荒谬。我想象有一个很大的苹果树，一颗苹果从树上落下来并且后悔自己落了下来，害怕自己可能不会变成一颗苹果树。然后它就感到愧疚。这不是很荒谬吗？它从树上落了下来，留在原地。当它腐烂以后，它会消失吗？还是它变成了地球的一部分？因此我们应该想想这一点。

海灵格（对索菲）：你还想补充什么吗？

索菲：你们有些人感到很累了吗？那些很累的人被带入了另一个层面，思考在那里停止。我们的细胞需要时间来为这些新的场域重新构建自己，因为这些新的场域在这里敞开，我们必须同意我们的身体这样休息。这意味着这种经验的过程不是在头脑中进行的，是在心里。然后我在这里被允许感到疲惫，真正的疲惫。当我真正感到疲劳，我的逻辑思考就暂停休息了。然后我们就到达体验的层面。现在一切都存储在我们的细胞里了。我听从我的心灵。我就是这样学习新的灵性家族系统排列的。

游戏

第一个案主：我想提及最后那个有关流产的排列。我父母流产了两个孩子，我父亲也曾和另外一个女人有过一次流产经历。

海灵格：我不想听这个，你感觉到影响了吗？

案主等待并点头。

海灵格：这样可以了吗？

案主：我只是想问一个与之有关的问题。

海灵格：不行！

案主点头。

海灵格：你现在怎么样了？好些还是更糟了？

案主：好些了。

海灵格：好的，其他人也感觉好些了。

海灵格（对大家）：我对他所做的是一个有力地疗愈性干预。你也可以检验一下自己，如果案主用问题来轰炸你的话，你不去回应他。突然他们就在自己的道路上停下来了。我不关心，我不加入他们的游戏。结果是什么呢？我们已经看到了。

我服务于另一个上帝

第二个案主：在今天的排列中我感到一种强烈的共鸣。对我来说最难受的是听见我妈妈说："我为你"。能够对我妈妈说"不"是一件如释重负的事。我在慕尼黑参加了关于母亲的工作坊之后，我发现我的母亲也有和我同样的病症。我的问题是，我也可以从这个病症里释放出来吗？

过了一会儿。

海灵格：闭上你的眼睛，对你的母亲说，"我服务于另一个上帝"。

案主闭上眼睛，深深地呼吸。

海灵格：现在你从你母亲那里转身，看向一个无限的辽阔。

过了一会儿。

海灵格：这样可以了吗？

案主（笑）：好多了。

海灵格：祝福你。

故事：天堂

海灵格（对大家）：我想给你们讲一个有关家族系统排列及其作用的故事。

一个富人死了，然后他抵达天堂入口。他敲敲门，请求进入。彼得开了门，对他说："你想要什么？"他说："我想要做一个排列。"

于是彼得问："我可以为你做什么呢？"富人说："我想要一个上好的房间，要有地球上最好的景观，每天有我最喜欢的食物，还有最新的报纸。"

彼得对这类工作很有经验，他知道自己什么也做不了。但是他很难过。他们一起走进那个最美的房间，然后彼得转身走了，他走

我们这个时代的教育

向房门，再次回头看了一眼，说："一千年以后我再来。"然后锁上了他身后的房门。

一千年以后，彼得回来了，从门上小小的窗口看富人的房间，因为富人的房间是一个监狱。当富人发现彼得正从洞口看的时候，他尖声大叫起来："你终于来了，这个天堂太可怕了！"

很多人都这么认为。彼得摇摇头："你错了，这是地狱。"

这便是很多满足客人期待的排列所产生的结果。

排列：我放弃

海灵格（对索菲）：你要换个课题继续吗？

索菲点头。

海灵格：我可以开始吗？

海灵格（对大家）：还有人有勇气继续吗？在某些人如愿以偿的去到地狱之前，索菲和我会及时介入的，可以吗？

谁想和我们一起工作？我们也可以对一些超越个人的问题进行工作。比如伴侣关系，与孩子的某个问题，或者任何其他的事情。有谁想来与我们一起工作？仍然有些勇敢的人。

海灵格选择了一个女人并要她坐在他和索菲之间。

过了一会儿。

海灵格（对案主）：睁开眼睛，在心里说，也许是同时对几个人说，"我放弃！"

案主（微笑）：我放弃。

海灵格：我们可以在内在感受到这句话源自我们生命的何处，然后我们对另外一个人说："请求你"。

案主闭上了眼睛，她头往前垂下。

索菲（对案主）：我无法这样继续下去了！

过了很长时间。

索菲（对案主）：我不想这样继续下去了！

过了很长一段时间。

索菲：我想要永远，最好是永远闭上眼睛！永远！

案主睁开眼睛，微笑着。

海灵格：而我却在哭泣。

过了一会儿。

索菲（对海灵格）：我们刚才不是问她了吗？看看她要对我们说什么？

案主：我整个身心都被痛苦包围。我来自一个女人在关系里饱受折磨的家庭。我的兄弟姐妹的关系里有许多的裂痕，家里无法容纳他们所有人。我感受到那些被排除者的痛苦。我知道我无法凭一己之力做任何事情。

索菲：你现在想要什么？

案主：想把他们聚在一起。

海灵格：我想把我内在的感受表达出来：我根本没听，全是废话。

索菲：如果我们讲话和提问，我们会经历什么呢？我了解在哥伦比亚的苦难。每个人都活在恐惧里，你也是。你真正的问题是你无法继续下去了，这是你所恐惧的。但这不是一个问题。

海灵格：我已经自我关闭了。我在保护我自己。

索菲（对案主）：你已经做得太多了。

案主点头说是。

索菲：做，并没有帮助。为了以一种不同的方式生存下去，一个人必须要去到另一个层面。你在这里有机会，每个人都有。

案主：这是我在这里的原因，谢谢。

案主回到她的座位上。

海灵格和索菲耳语。

海灵格（对大家）：索菲说，我可以选择一些合适的议题。我们已经展示出了一些非常重要的东西。

索菲：尽管我们把爱留给了她，但是我们对哥伦比亚的了解有多少？对那里的女人的了解有多少？对那里的生命的了解有多少？所以，让我们的爱流向那里吧，从我们敞开的心灵流向那里。

海灵格(用德语说)：索菲是个很有爱心的女人。但是我已经展示出了一些勇敢的东西，没有怜悯，这不是个人层面的。在另一个层面，索菲与我是勇敢的，我们把眼睛里看到的真相如其所是地展现。因此，如果有人认为自己身处天堂，他会突然意识到，事实上他到底身在何处。

冥想：撤退

再次闭上眼睛。你们很多人都是在不同领域的助人者。有很多人会想要表现得像个受害者，想要获得我们的怜悯。现在我们的目光要超越他们，没有同情，看到他们的抱怨对别人造成了怎样的影响。我们要看到那些他们暗自讥讽的人们，因为这些人在他们的抱怨中倒下了。

现在，让我们练习退回到我们的中心。我们在那里等待。我们将那些因为这个人和他的抱怨而倒下的人纳入心中。这对我们很容易。在这个灵性的层面，没有怜悯，没有悔恨，也没有愤怒。我们信任另一种移动。我们都是独自一人，孑然矗立在另一个伟大的力量面前。

这时，一个男人坐在了海灵格和索菲中间。

过了一会儿。

海灵格：我们的时间到了，但索菲告诉我可以和他做一个排列，好吗？

排列：只有我能住在我的房子里

海灵格：我需要一个男人。

他选了一个代表，让他到台上来，站在那里。

海灵格（对代表）：你代表他（案主）。

海灵格（对大家）：现在我们来看看会发生什么。

代表开始摇晃，往前倒，他看向左右两边，似乎在寻找什么人。他趴在地上，目光朝下。

索菲（对案主）：你有感到被其他的力量牵引吗？

案主：不是经常，但最近常有。

代表俯身滑下台阶，躺在一张桌子底下。

索菲（对案主）：这是另外一个人。发生什么事了？你发生意外或者做手术了吗？

案主：三年前我犯了一次心脏病。我一直很胆怯，我时不时惊悸，但我还可以控制。

索菲：你住过院吗？

案主：是的，住了三天。然后我违反规定，提早出院了。我再也无法相信医生。他们说的我都不照做，他们嘱咐我该怎么做，吃什么药，我全都不理。

索菲：这个代表倒下了，之前他闭上眼睛，然后跌倒。突然他又醒来，他根本不知道自己在哪里。这个人是谁呢？

索菲选了另外一个人，让他站在台上。

索菲（对案主）：你的职业是什么？

案主：我是一名机械工程师。

索菲：你曾经躺过的病床死过人吗？

案主：我不知道，也许有。那不是不可能的。

第二个代表以和第一个代表相似的方式倒在地上。过了一会儿，他朝同一个方向移动，他也想去桌子底下。然后他从台上跌下来。他爬向第一个代表，左手捂着肚子。

第一个代表移开了。他坐在地上，从远处看着第二个代表。

索菲（对案主）：站起来，这样你才能看得更清楚。待在那里，看着。

第二个代表仰面躺在地上，对第一个代表伸出手。第一个代表坐直了，将第二个代表推开。

索菲（对案主）：待在这里。我们一定不可以干涉那些与我们无关的事情。你表现得像个助人者。

第二个代表滚向一边，双手捂住脸。

索菲（对第一个代表）：告诉他（第二个代表）："但是你已经死了！"

第一个代表：但是你已经死了！

他从第二个代表身边挪走。

索菲：告诉他，"你已经过世了很久了"。

第一个代表：你已经过世很久了。

他从第二个代表身边挪开得更远了。

索菲："你属于别的地方。"

第一个代表：你属于别的地方。

索菲："你死了，的确是死了，身体已经死了。"

第一个代表：你死了，的确是死了，身体已经死了。

索菲：但是你的灵魂仍然活着。

第一个代表：你的灵魂，一直活着。

索菲："你可以有一个新的身体，如果你想要的话。"

第一个代表：你可以有一个新的身体，如果你想要的话。

索菲："你不需要待在我的身体里了。"

第一个代表：你不需要待在我的身体里了。

第二个代表现在躺在一边，他的眼睛闭上了。第一个代表站了起来，看着第二个代表。

索菲："无论你曾相信谁，相信什么，它正在你面前呈现。"

第一个代表：无论你曾相信谁，相信什么，它正在你面前呈现。

索菲："并且陪伴你去另一个世界。"

第一个代表：并且陪伴你去另一个世界。

索菲："你可以在那里选择。"

第一个代表：你可以在那里选择。

第一个代表在第二个代表面前俯身下来，头靠近第一个代表的头，然后再次站起来，回到台上站着。案主也回到了他的座位上。

索菲（对案主）：你神游了一会儿，毫无知觉地神游了。就这样坐着。

索菲（对第一个代表）：你感觉如何？

第一个代表：我突然就变成了另外一个人。

索菲（对案主）：你也是。

案主：我根本就没发现呢！

索菲：当然没有，你都不在这里。

案主：我并没有失去意识，我一直是清醒的。

海灵格（对案主）：我想谈谈我的个人经历。当我晚上入睡前，或者当我已经入睡的时候，许多的脸庞浮现在眼前。他们非常真实，是一个接一个的人。然后我超越他们，看向远方，他们便离开了，一个接一个地离开了。我与另一个意识联结。

索菲（对案主）：告诉他，"现在只有我能住在我的房子里"。

案主：现在只有我能住在我的房子里。

索菲（对大家）：我们必须小心自己对哪些人敞开了大门。它总是敞开的，那么每个人都可以随意进来吗？如果每个人都可以随意来，我们不成了商店了吗？

案主：我不能……

索菲：我不想听到这个。说，"只有我能住在我的房子里"。

案主：只有我能住在我的房子里。

索菲：每个人都必须做出这个决定，非常清醒的决定。已经有太多吸血鬼了。他们不是坏人，他们只是去那些邀请他们的人那里，敞开大门邀请他们的人那里。

索菲（对案主）：现在你看到了有关你自己的情况。

案主：是的。

索菲：安慰总是四处都有，爱也是无处不在。那些看起来像爱的地方并非总是有爱。献媚者并没有爱。爱常常外表强硬。

索菲和案主对彼此点头。

案主：谢谢。

索菲：矛盾的两面总是相应而生。有献媚的地方，总会有丑恶的行径。

索菲（对大家）：为了将有些东西"写"进我们细胞的程序里，我们需要做一些移动。

索菲（对案主）：你可以原地不动，也可以跳舞。每一个瞬间你都可以为自己的生命做出一个新的决定。

案主：谢谢。

片刻凝思：那里

海灵格：在白天和夜晚，我们以几种不同的方式存在。即使只是在白天，我们也以不同的方式存在着。我们有时在沉思，有时在走神。因此我们会不断地经历不同的存在状态。

通常会有一些人与我们同在某个地方，比如那些占据了我们灵魂的人，因为他们想参与我们的人生。还有一些人想要把我们拉向他们，因为他们以为自己仍然活着，即使他们已经去世了，通常都去世很久了。当他们附着于我们时，当我们的感觉被他们占据时，我们仍然活着吗？我们真的存在吗？我们仍然全然地临在吗？

问题在于，当我们从外在体验自己的时候，就像被其他力量所占据，好像我们生活在自己的躯体之外的时候，好像死去的人仍然活着的时候，我们如何回归自己？比如，找回健康？比如，重回警觉？比如，重获洞察力？我们如何回到生命的喜悦中？我们如何回到我们亲近的人身边？我们如何能回到我们的身体里？

我们通过重回当下回归自己，在这个沉思的瞬间，超越所有的担心，因为只有在此刻，我们真正的临在。

我们在当下经历内在不同的层面。有一个非常肤浅的层面，它将我们带往不同的方向。在这个层面上，我们躁动不安，因为我们不停地被带往别的地方。我们专注于计划，打个比方说，我们操心如何能开始和完成一些工作。或者我们会被恐惧干扰，也许是担心有些事会出状况。但是最重要的是，我们关心我们自己以及我们的亲人如何好好活下去。但是就在旁边，没有任何分界之墙的地方，我们会被吸引到另外一个层面去，那是一个无忧无虑的层面，如同静默般自在的层面。

突然，我们会体验到被一只光芒之手所引领，被它领入一个广阔的领域。在这里，所有的一切都为彼此服务，在给予和付出里相互支持。在这里，一些东西结束，另一些东西开始。

但结束的并没有消失，它在别的地方，以别的方式继续。它的存在以这样的方式结束了吗？还是以不同的方式继续着？以另一种无所不容的方式继续？

这个空间对我们而言仍然难以企及吗？抑或它已然存在？我们可以在任何时候，在另一种力量的引领下自由出入吗？我们是否已经在不同的层面同时存在了？我们如何看待这一点，他人如何能立刻看到这一点？

我们通过我们的能量场看到这一点，每个人都被其能量场环绕。我们甚至会从一个孩子的能量场看到他以后的样子，看到他曾经的命运，或者他所深陷的过往，以及他的未来。

当我们超越物理的界限，进入我们的"光圈"，我们便进入我们过往的生命领域里，进入那些即将与我们紧密相连的生命里，那些获得救赎或未被救赎的生命。

问题在于，我们将继续停留在我们的能量场限制范围之内吗？抑或我们将被带往他处？进入一个无限广阔的领域？我们是否将被带往另一个意识层面，从过往的一切里解放出来？

这仍然上一个开放性的问题。然而，有时候我们体验到自己和他人无限的存在，轻松、欢悦、自在，与某种永恒、慈悲、全然临在的力量合而为一。

巴特赖兴哈尔：第三天

这是2013年在巴特赖兴哈尔进行的一个课程的案例：第三天。

内在的指引

索菲：早上好。你们睡得好吗？有谁没有睡好？好，那起作用了！为什么一个融合实际工作的课程是这么重要呢？为何你们不能只是读读书，看看视频，然后就可以了呢？是因为体验。体验与理论不同。家族系统排列已经自己挑选了他的创始人和发扬者。（索菲指着海灵格）这里！海灵格有能力打开一个场域，一个新的层面。

这不是一夜之间发生的事情。这在过去和现在都是一个很难的工作，是最极限的训练和百分之百的服务。这种服务不是只指向某些东西，它指向一切，什么是一切？如果我开始罗列，那就不再是一切了。我相信海灵格所开启的这个层面存储着古往今来的一切。他有他的引领者，他的灵性，我并没有。没有人拥有和他一模一样的灵性。

但那是另外一个话题，我并不想深入阐述。对我而言问题已经来了：如果有这样一个地方，在这里存储着古往今来的一切，那么每个人都可以进入吗？要去那里需要特定的前提条件吗？

需要一种特定的意识，一种特别的态度。我们可以在这里学习这种态度，它是实际的，而不是来自书本。我们知道每个人都有至少5米的"辐射区"，那些频率像涟漪一样向四周扩散。心能与头脑的能量不同。

科学证明我们的头脑细胞是复杂的网络脉冲，不停地向外传播信息。这些头脑中的网络通过信息运作，我们的身体细胞也以同样的方式运作。至于那些细胞到底是组成心脏、肺，还是组成骨头，都没有差别。这些被称为信息回路，对于所有器官来说都是如此。通过生命的过程，新的信息、新的记忆，都被存储下来。

信息回路是这样产生的：比方说，当我与另一个人之间发生了些事情，一个反馈层面就出现了。我的身体细胞会做出反应。如果那是一个令人非常哀伤的事件，我的肺部会做出反应。当类似的事情发生，比如某人以同样的口吻讲话或者我闻到了同样的气味，我的肺部就会"想起"这个悲伤的事件。这样一来，新的反馈会层层叠加。这意味着，我的肺已经存储了这个记忆。我们的器官形成整合的记忆系统。并不仅仅是肺，我们身体内的器官是一个全身性的记忆系统。那么人们就能理解为何一个人会这样看待事情，另一个人却以另一种方式去看待。是信息回路让人们成为这样。

家族系统排列可以介入这些信息回路，但并非通过做排列。对一个人来说，这是可能的；对另一个人来说，这是不可能的，或不再可能，或还不可能。这就需要家族系统排列的某种态度。海灵格是怎么说的？每一个做笔记的人不仅会错过这些经历，还会在5米的范围内引起分心。因为这样的人已经转向理性，他们也会向周围传播这种理性。

在这里所发生的大部分事情都可以被证明，将会有科学家研究这个项目。家族系统排列也是，我们不能期待得到什么，我们必须往后退却又全然的临在。艾克哈特曾经对此有过精彩的表述：你越是能全然地进入自己的内在，神将越能把你带入他的灵性。他并非在说上帝，他说的是灵性。在这里意味着，你要去体验它。海灵格以另一种方式临在。在我这里，那些无法临在当下的人，他们的器官会自我显现。在排列之前，我的器官会告诉我某个人需要某些东西，或者那些在排列中没有被代表出来的人。

如果我的身体没有获得任何信息，我知道那是因为还为时过早，或者已经发生太多次了，已经做了太多的排列了。我知道那些需要帮助的人在说：噢，天哪，不要再来了吧！这对他们来说是一个很大的消耗，他们需要很多能量才能在我身体里显现他们流动的能量场。然后他们到时候会厌倦。为了确认这些，每一次都会有一两个人来测试我们，或者测试我。

因此，这绝对不是个人的问题。无论谁坐在这里，信息环路都在这里运作。所以如果你们中有人反馈信息，这个反馈也会对他本人发生某种作用。所有那些听这个人讲话的人都会向宇宙发出信息波，以超过光波的速度传播出去。因此我们要留意我们所说的话，要谨慎地触碰别人，更要注意我们的行为。

在过去十多年里，我体验到家族系统排列是一个神圣的服务，就像一个大规模的集会。海灵格便是主持这个大规模仪式的牧师。因此人们不能用任何奇怪的态度来做排列。

然后问题来了：那么我到底在这干什么呢？很多人都问过自己这个问题，并且有了他们自己的答案。但是海灵格并不关心这点，我也不关心。他的灵性在寻找我的灵性。

这是必要的，我们不断深入成长。每一天都是全新的，如果你饱含希望，如果你准备好了，并且关闭了你的心智，不是陷入某句话里，而是陷入源于你自身经历的信息回路。那么今天的你也是全新的。

所有的评判都没有抓住关键点。没有两个坐在这里的人是完全一样的。每一个期待，对海灵格的期待，对我的期待，或者对他人的期待，都将置你于局限，你深陷已久的局限。我们在座的每一个人，都应该练习和学习，不去回忆，都应该发自内心地微笑。每一个人都是神圣的，除此之外，还有其他的可能吗？

神秘的应用

海灵格：索菲在这里的所言，是源于她内心和她经历的话，它们意义深远。当她讲的时候，我与她同在。于是我检视内在的体验，以及所发生的决断。然后一句话出现了：家族系统排列是一个神秘的移动。神秘性意味着我们与一个无限的东西联结。

关于这一点我想讲几句。这种无限并非某样东西。它不是一个结果也并没有"存在体"。它超越所有一切存在。是什么会超越一切的"存在"？是"空"。只有"空"是无限的。因此，在家族系统排列里，我触及了"空"，不是某样东西。通过这个"空"，一些决定性的提示显现出来。

我也展示了这一点。当一个参与者来到我身边坐下，我不会去看他们。我只是平静下来，超越一切存在。在"空"里出现一个提示，一个我并不理解的提示，我把这个提示说出来。然后另一个力量就开始起作用了。这是一个神秘的过程，很奇怪，尽管我谈了很多，但我并不理解我那个决定性的洞见。不能理解，只能在一条神秘的道路上领悟。突然，这个决定性的洞见提及良知的地狱。所有的战争，所有的纷争，所有的谋杀，都是良知的结果。我只是简短地提到这一点，这样我们就能理解它到底是关于什么。

冥想：是的

现在我们闭上眼睛。

现在我们放手。

我们对自己放手。

放手家庭，

放手抱怨，

以一种特定的方式，对我们的人生放手。

我们进入寂静，一种无限的寂静，一切皆空。

就像已经消失，如同远离了此处的人生，进入一种无限的空境。

在这"空"里，我们听到一个词，这个字将我们带入另一个广阔的空间，这个词是：是的。

排列：双胞胎

海灵格：现在我们继续应用神秘。有谁想来和我们一起工作？

海灵格选择了一个男人，让他坐在索菲和他之间。

海灵格：闭上眼睛。

过了很长时间。

海灵格：你的议题是什么？

案主：仅仅是好。我有种感觉就是如果我说得太多，就不太合适了，只是好。

海灵格：闭上眼睛说："我来了"。

案主：我来了。

海灵格选了一个男人，让他面朝上躺在案主面前。案主保持沉默并一直闭着眼睛。

海灵格（对案主）：那就是你。

过了很长时间，案主和他的代表都没有任何移动。

索菲（对案主）：如果有些事情让你很痛苦，你可以告诉我们。

案主（点头）：越来越好了。

索菲：我感觉有两个你。其中一个你在退缩，深藏痛苦，为了表面上不崩溃。你明白吗？另一个你有那样深沉的渴望和爱。然而这两方面都无法被满足。

案主：总结得很好。

索菲：因此你害怕你无法把你真实的感受表达出来。

案主：是的。

索菲：然后轮子就有了越来越多的动力，这便是一种在爱的关系里的状况。你很难表达你的感受。如果一切有序，那不会是个问题。但如果你需要总结什么，你便会关闭自己。

案主：是的。

索菲：你并不在意她的离开。

案主点头。

索菲：但你并非不在意。

案主笑着点头。

索菲：这就是你的人生，在两者之间拉扯。因此我要为你打开一些空间。

索菲将一只手放在自己的胸口。

过了一会儿。

海灵格（对案主）：和他（代表）并排躺在一起。

他们两个人都躺在那里，一动不动。

过了一会儿。

索菲（对代表）：你有什么要反馈的吗？

代表（摇头）：我没有话要说。

索菲：没有感受?

代表：他躺下后我有点发抖。

索菲：你想要这样躺着，还是想站起来?

代表：我可以躺着，也可以站着。

索菲（对案主）：那你呢?

案主：在这里很平静。和自己在一起，没有联结。

索菲：和他没有联结?

案主：我没有注意他，没有。

索菲（对代表）：你现在站起来。

代表站起来前后摇晃。

索菲（对案主）：现在呢?

案主：我觉得自己在被观察和控制。

索菲（对案主）：站在他的面前。

案主站着，代表摇晃。

案主：我想要扶住他。

案主走过去抓住代表的胳膊。代表双臂向两边张开。

索菲（对案主）：告诉他，"你是我的一部分"。

过了一会儿。

索菲："但你和我是如此不同。"

案主："你是我的一部分，但你我却如此不同。"

代表左右摇晃，他似乎想要去案主那里，但案主不允许。

索菲（对案主）：拥抱他，和他合二为一，这样你就能感知现实。除非你这样做，否则他不会放弃。

索菲（对代表）：你愿意谈谈你的感受吗？

代表：我感到被他吸引，但他严格保持我们之间的距离。

索菲（对案主）：所以你的人生是一个困境。一会儿是，一会儿不是，无法认知和感受。

案主紧紧地抓住代表。代表张开双臂，并不对案主的尝试妥协。

索菲：这样做没有用。移动必须源自内心，这样他的另一部分，一个双胞胎兄弟或姐妹，才能在他这里找到平静。这个双胞胎兄弟或姐妹是什么时候来的并不重要，他们在系统以及他的良知里呈现出来。谁说我们在这世上是独自一人呢？

最后，他们松开彼此，并没有走到一起。他们转过身来，一起看向远方。

我的另一半

索菲：我们可以看到，那个看不见的层面并不会对我们的想法、心意和愿望妥协。无论你想不想要他，这只是在浪费精力。那个已经开始的移动只能由那个看不见的层面来继续。

索菲（对案主）：当你是这个人也是那个人的时候，你便统一了，你什么都能做到。

海灵格（对案主）：告诉他，"我来了"。

案主：我来了。

他站在他的代表面前试图拥抱代表。代表拒绝了很多次，然后代表张开双臂，他们拥抱彼此。

索菲：实际上你是在拥抱你自己。现在你和他一起变得强大了。勇敢！同时他们合二为一

索菲（对大家）：我们生活在地球上。只要我们的身体还生活在这里，物质都是重要的。我可以触摸到某人，我可以闻到某人，我可以感到快乐、喜悦和爱。那么我们为何不活得快乐、喜悦并充满爱呢？

案主和代表和谐地走到一起。

索菲（对案主）：那么你再也不会孤单了，因为你完整了。我们很难理解为何人们行为古怪，自己阻挡自己的幸福。

海灵格：好的。

两人回到他们自己的座位坐好。

索菲：不需要想了，已经结束了。

冥想：我们的双胞胎

海灵格：现在我们闭上眼睛，我们在内在寻找我们的双胞胎兄弟。也许是以前几世代的双胞胎，这一部分仍然找不到。也许他会在我们的疾病里显现？我对他说："是"。他也在其他情况下出现，在一些奇怪的情况里出现。在这样的情况下，我们也说："是"。

问题

关于今天早上的体验，我想要给你们一个提问的机会，也许也是反馈的机会。

不存在

第一个案主：你今天提到"无"。

海灵格：是"空"，不是"无"。

案主：之前你讲到很多关于灵性的良知的事，但现在你不再提了。可以对此说点什么吗？关于灵性的良知和"空"？

海灵格：关于良知，我仍然在讲很多。这是基础。但一切都有其安排，好吗？

后退

第二个案主：我想问个问题。我如何能更友善地看待一些我不想看到的东西？

海灵格：我们通过后退来学习这种看待。我们往后退向一个空境。这个后退就像死亡，我们从死亡中崛起，明白了吗？

案主：是的。

海灵格：你领悟得很好。领悟会显现在发光的脸上。

良知的地狱

第三个案主：今天早上你谈到良知的地狱，一个画面浮现在我面前，人工授精就像良知的地狱。我要感谢你谈到你的书：《洞悉孩子的灵魂》。对我来说，向你说声感谢是很重要的。

海灵格：我要谈谈良知的地狱。良知是所有犯罪的动力。为何它这么可怕？因为这些犯罪都以上帝的名义发生。多么可怕的上帝！多么可怕的良知的声音！

排列：我们的家园

海灵格：我们要继续吗？我们可以从一对伴侣的关系入手，仔细看一下灵性家族系统排列及其移动。这是一个考验。

如果有一对伴侣想要看看他们的关系并寻求解决方案，我可以和他们一起来工作。

顺便提下，这也同样适用于同性恋关系。我们也可以看看同性恋关系。

所以，有伴侣想来和我一起在这里工作吗？

一男一女来到台上坐在海灵格旁边。

海灵格（对大家）：如果我和一对伴侣一起工作，我会问些特定的问题，但只是表面的问题，不必曝光秘密。

海灵格（对男人）：你来自哪里？从哪个国家来？

男人：比利时。

海灵格（对女人）：你从哪里来？

女人：我从中国来，但我在德国居住了25年了。

男人：我们曾经一起工作过。

海灵格（对男人）：之前有过前妻吗？

男人：有的。

海灵格：之前的关系里有孩子吗？

男人：有，三个。

海灵格：你和她有共同的孩子吗？

男人：有，一个。

海灵格：所以，他有几个前妻呢？

男人：一个，这是我的第二任妻子。我和前妻有三个孩子，现在有一个。

海灵格（对女人）：那你有前夫吗？

女人：我和前夫有个女儿，和现任丈夫有个儿子。

海灵格：所以这是我们和一对伴侣工作所需要的表层信息——前度关系以及来自前度关系的孩子。

海灵格（对男人）你们共同的孩子是个女孩吗？

男人：是个儿子。

海灵格（对大家）：问题是，我该如何开始呢？家庭的动力表现最大的地方在哪里？在孩子身上。因此，我要从这个孩子开始，一个儿子。

海灵格给这个儿子选了一个代表。

海灵格（对代表）：为你自己找一个位置。

"儿子"深深地呼吸，然后慢慢地往后走。

过了一会儿，海灵格选了一个人代表母亲。

海灵格（对代表）：你也站在那里，跟随内在移动。

"母亲"往后退，她有往后倒下的危险。"儿子"迈着很小的步伐走向她，他想经过她。他对她伸出一只手并抓住她的胳膊。他们看着彼此的眼睛。"儿子"想要触摸她的额头，但往后退了一点。"母亲"深深地呼吸并哭泣。她放开他的手并往后退。她一直看着他哭泣。"儿子"往前走了几小步，经过她身边。然后他往下跪地，手捂着头，躺倒在地。"母亲"坐在"儿子"旁边，看着他。

案主（女人）深深地感动并抽泣。

海灵格（对女人）：你也站在那里。

案主坐在她的代表旁边，手臂搂着她，然后躺倒在"儿子"身边。她的代表也在她身后躺下。"母亲"轻抚"儿子"的脸庞。

海灵格：全都死了！

过了一会儿。

海灵格：谢谢你们所有人。

海灵格（对大家）：这就是真相。这背后是什么与我无关。这个女人自己知道，这就够了。现在的问题是：他们能克服它吗？这个儿子有机会活下来吗？还是那句"你为我"在这段关系里发生了作用？

海灵格（对儿子）：再到这里来。安静地站着，并寻找你通往生命的途径。

"儿子"慢慢地往前走了几步，然后他深深地鞠躬，又再次站直。

海灵格选了一个代表并让她站在"儿子"的面前。她在离他两米远的地方停下，慢慢转身背对他，又一次次地回头看他，一直张开腿站在那里。她张开她的双臂并靠向"儿子"。"儿子"伸着拳头经过她。然后他将一只手放在胸口。代表迈着小步慢慢向前，再次转向"儿子"。

海灵格（对儿子）：对她鞠躬。

"儿子"慢慢跪下来，往前伸出一只手并深深的鞠躬。代表走向他，将手放在他头上。

　　海灵格（对女案主）：你知道这个代表是谁吗？

　　海灵格（对男案主）：你知道她是谁吗？

　　男案主点头，女案主手捂着脸大声哭泣。

　　海灵格：这是中国。

　　"儿子"跪了下来。"中国"环抱着他。"中国"对"母亲"伸出了一只手。"母亲"走向中国，把自己的头放在"中国"的腿上，大声哭泣。"中国"轻抚她的背。"儿子"直起身站了起来，他扫了男案主一眼，把一只手放在胸前。

　　海灵格（对儿子）：现在你被允许活下来。

　　"儿子"慢慢地转向男案主。

　　海灵格（对男案主）：去那里。

　　男案主和"儿子"轻轻拥抱。他们都看着"中国"。"中国"轻抚着"母亲"的脸庞。这对伴侣也轻轻拥抱。

　　海灵格：我可以在这里停下了。谢谢代表们。

　　海灵格（对大家）：好了，就这样。

冥想：幸福

　　闭上眼睛，我们看着我们现在的伴侣关系。

　　我们被何处吸引？

　　我们的伴侣被何处吸引？

　　我们的孩子被何处吸引？

　　我们只是站在那里，观察关系走向何处。

在我们的伴侣那里。

在我们的孩子那里。

在我们自己那里。

我们和他们从何处回家？

当所有相关的一切到达吸引他们的地方，我们的关系会变得怎样？

有些东西会结束吗？

有些新的东西会开始吗？

我们仍然会告诉你一些有关幸福的事情。我可以告诉你们关于幸福的事吗？

反馈和提问

海灵格：我想给你们反馈和提问的机会。

自己

海灵格（对第一个案主）：闭上眼睛，在心里说："我的心碎了"。

案主非常感动并抓着背。

过了一会儿，海灵格选了一个女人做代表并让她站在离案主有一定距离的地方。

海灵格（对代表）：你是她的那个"自己"。

这个代表一动不动。海灵格让案主也站在那里。案主站在代表

我们这个时代的教育

的对面。过了一会儿，她捂着脸哭泣。然后她对代表张开双手，但那个女人一动也不动。

海灵格（对代表）：告诉她，"我死了"。

代表：我死了。

案主点头并哭泣。代表看着地面慢慢跪倒在地。案主去到她身边想抱住她。过了一会儿，代表完全躺倒在地。案主跪在她身边，看着地面。过了一会儿，她也躺倒在她旁边。

海灵格：好吧。

冥想：我们

海灵格（对大家）：闭上眼睛。每个人在自己的内在看着"自己"。

海灵格：问题是，我们会留下什么？我可以告诉你们吗？留下来的是一个"我们"。

我们的故乡

海灵格（对第二个案主）：我也会给你一句话，闭上眼睛。

海灵格（对大家）：这句话当然也是给你们的。

第二个案主深呼吸。

海灵格：好吧，你想要说什么？

第二个案主：我想要说关于故乡的事。这对一个居住在异国或者出生在异国他乡的人有影响吗？

海灵格：问题是，我们是如何归属于一个国家的？我们是归属于一个特定的国家、归属于父母来源的那片土地，还是归属于父母中哪一个人的国家？在这里，父亲的国家拥有优先权，母亲的国家也很重要。如果我们的过去源于两个国家，我们就有两个故乡。但是父亲的故乡拥有优先权。你觉得呢？

案主：我有两个故乡，我父母是意大利人，但我住在比利时，住了9年了。

海灵格：你的问题有答案了吗？

案主：是的，我必须承认待在意大利令我感到安心。

海灵格：你要对什么说不呢？

案主：对去比利时。

海灵格：正是。现在你看上去很开心。

她笑了。

海灵格：我们在故乡感到安心。

案主：谢谢。

海灵格（对大家）：故乡是一个重要的话题。我们与人一起工作的时候要了解这些法则。离开故乡会令我们失去一些东西，比如说，我们的健康。如果我们感受到这种联结，我们可以来排列。比如说，我们可以看到疾病想要去哪个国家。许多人回到故乡就恢复了健康。自由意志在这里受到了很大的限制。

一切徒劳无功

海灵格（对第三个案主）：我也有一句话给你，"该死"。

案主开始笑，然后他深呼吸，身体前倾并哭泣了很长时间。他平静下来并叹气。然后他用拳头击打地面，打了很长时间。

海灵格：一切都徒劳无功。

案主平静下来，跪在地上。然后他起身并看向海灵格。

海灵格：这样可以了吗？

案主：我很好，谢谢。

灵性帮助

海灵格（对大家）：我在这里展示的是灵性的帮助，我们由此与另一个层面联结，超越分别的联结。

灵性的帮助首先意味着，从一个想法、一个计划里退出，从意愿里退出。我们从这一切里放空出来，突然间我们就会被引领。

我在这里是被引领的，我只是坐在案主的旁边。然后那些话和句子就来到我这里。我只需要说出来，就是这样。这就是灵性家族系统排列练习。我也可以说，这是灵性生命，生命在某个维度里自我中止，进入一个很大的层面。所有其他的一切都是被赋予的，短暂地赋予。比如说，我并不比我所告诉他的知道得更多，那些话经由我而来，留驻于他。

伯特·海灵格的发展

海灵格：我们现在该做什么呢？索菲今早提到了一些东西。问题是，是什么将我塑造成如今的我？我想带领你们走向这条道路，好吗？

现象学

首先，我想要说，我是一个哲学家，从这个角度而言，我不是一个家族系统排列师，我是一名哲学家。我所书写过的一切，所做过的一切，都是哲学。但我永远不会得到一个哲学博士学位。因为我所做的与通常的哲学无关。它是一种哲学方法的应用。我所采用的方法处于通常的哲学系统之外，并超越了通常的哲学及其洞见。我所采用的方法被称为现象学。这是一种没有目标的处理方法。在现象学中，沉默是基础，正如我也在这里展示过的一样。我处理的方法是现象性的。

我这个方法最重要的应用是对良知的应用。西方和基督教世界以及我们所知道的一切宗教都想要些什么。他们有目标，而那些目标在哲学上都是以自我为中心的。

当我在离开牧师生涯之后，我想知道什么是良知。什么是对于良知来说最重要的？

所有西方哲学都被良知所束缚，被区分好与坏的界限束缚。这种束缚曾经多么疯狂，并且仍然很疯狂。显然，我们在座的很多人都把我们的良知当成灵魂里的上帝之声来看待。我已经对我的良知敞开了我的心，以一种现象性的方式来敞开我自己。我已经在内在从良知里退出，从曾有过的所有关于良知的言论里、从所有文献里，退出。

我完全退出去。然后我将所有曾经有过的关于良知的言论留在我的面前，但这意味着，它只是一种现象，无论出现什么，都没有评判、没有挑选。一切如其所现，一切平等，这是现象法的前提条件。没有评判，一切如其所现，并肩而立，没有对任何一方的偏爱。

所以这就是现象学。所有有关上帝的言论，我都将它们并列摆放，没有评判或裁决。一切都被允许如其所是的存在。而一切的矛盾，都由另一种移动来引领。对于显现为良知的一切，有些则会从圆满中浮现，进入到前景中。因此那些重要的有关良知的东西，都会瞬间出现在前景中。于是，我突然领悟了良知的本质。

这是我们应用在一切领域的惯用方法。如果我们对如其所是的一切保持距离和同意，不被任何东西带走，那么其中一个现象便会浮现于前景中，那就是事物的本质。

良知

什么是关于良知最重要的洞见？良知决定生死。你可能被允许归属，或者你注定要失败。

从一方面来说，这个洞见显现为一个"好的良知"。这意味着：你可以归属。但它也显现为坏的良知，坏的良知说：你被排除了，永远排除。这个好的良知说：你可以永远归属。归属于谁？归属于我们生存所依的群体。

如果我们将良知抬高到宗教的层面，它就会说"你会上天堂的"或者"你要下地狱了"。这是我们的良知中决定性的句子。

现在，奇怪的事情是，如果我们用一种现象性的方法来看待这件事，那么每个跟随自己良知的人都有其说服力：我跟随我的上帝。或者，如果这个人有坏的良知，我就失去了与上帝的联结。问题是：这个上帝的名字是什么？非常简单，他名为：我。

这便是良知后面的傲慢。所有好的良知的后面都有一个自我的上帝。所有失去这个上帝的人仅仅是失去了自我。所有的战争都是为好的良知而战，并认为自我决定着救赎或者厄运，全世界都是。

因此，我们是如何通过我们好的良知进行改变的呢？我们变成上帝，多么彻底的疯狂！这是怎样的世界灾难！

我在这里停下，我希望我已经让你们变得更小心。

我们的良知与家族系统排列

现在来看看那些提供系统排列帮助的人，当他们与其他人一起工作的时候他们在服务于哪一个上帝？

我不说出答案，你们大部分人已经明白了。我在这里停下。

排列：全是白费力气

我要再做一个排列，谁想来和我一起工作？

海灵格选择了一个男人并让他坐在身边。

海灵格：我给你一句话来开始，这句话是，"全是白费力气"。

男人深呼吸并哭泣。

过了一会儿。

海灵格：你有孩子吗？

案主：有两个孩子。

海灵格：男孩还是女孩？

案主：两个女孩。

海灵格选择了两个女人代表女儿，让她们来到台上。

海灵格（对代表）：允许自己跟随内在的移动而移动。

两个女人面对面站着。其中一个看向地面，她往前走了一步又后退回来，这样来回了两次。

海灵格选了另一个女人代表死去的女人，让她仰躺在这两个"女儿"之间。

第二个"女儿"转向这另一个女人，向下看着她，走到她的旁边。第一个"女儿"也靠近了她。

案主站在远离其他人的地方。第一个"女儿"用力跺脚，并在"死去的女人"面前蹲下，看着她。案主看着"死去的女人"，跪下身来。

"死去的女人"看着案主的方向，但案主没有动。第一个"女儿"跪着挪到案主身边，两人都一动不动。第二个"女儿"双手放在前胸，跪在"死去的女人"身边，她们彼此相望，然后她躺在"死去的女人"身边。

案主双手捂住脸，往前深深地弯腰。"死去的女人"看向案主。案主并没有看向"死去的女人"。同时，第一个"女儿"已经在案主身边跪了下来，他们看着彼此的眼睛。

海灵格：我在这里停止。这样没有用。

案主点头。

冥想：请求你

闭上眼睛。

我们来看看我们的家庭和关系，同时还有所有我们想要帮助的人。

什么是白费力气呢？

在我们的内在，我们进入到深处，深深地进入地球，进入她的中心。

我们对她说："请求你"。

反馈和提问

今天的时间已经过去很多了，也许你们有些人并不完全理解今天的课程。也许有人还有些内在的抗拒以及和抗拒相连的问题。现在是提出这些问题的时候了，请反馈你们内在的变化。

迁移

第一个案主：我想要从内心感谢你讲了关于故乡位置的知识，因为我正要搬到另一个国家去。能够看到我家乡需要什么以及什么是重要的真好。谢谢你。

排列：被排除的人

第二个案主：今天午餐时间我的母亲和女儿来了，我们一起去吃午餐。女儿来到我面前想要亲我。我给了她一个吻，然后她立刻就躺倒在地上了。

海灵格：你女儿多大了？

案主：6岁了。

海灵格：那么你现在的问题是什么呢？

案主：我不想把她扶起来，我不想帮她站起来。其他路过的人都以为她昏过去了。有时候我不知道该拿她怎么办。我想要帮助她，但有些东西在阻止我，有些东西不许我这样做。这是那位在工作坊里尖叫的女孩。

海灵格：我要把女儿排列出来。

海灵格选了一个人代表女儿。她站在台上，看着地面。

海灵格（对案主）：你有流产过吗？

案主：是的，流产过三个孩子。

海灵格：是男孩还是女孩？

案主：我认为是两个男孩和一个女孩。

她深呼吸并哭泣。

案主：我还有两个儿子。

海灵格选了两个男人和一个女人代表被流产的孩子并让他们仰面躺在案主面前的地上。"女儿"跪倒在地，看着"死去的人"。

海灵格（对案主）：如果你想，你也可以去那里。

案主站在"死去的人"面前，一只手捂着嘴哭泣，她跪倒在"死去的女儿"面前，然后看着她活着的"女儿"，不停地哭泣。然后她把手放在两个"死去的儿子"身上，他们都把一只手放在她的膝盖上。

海灵格：只是哭还不够。

案主停止哭泣并看着她的"女儿"。索菲选了一个人代表父亲。

海灵格（对代表）：你们可以站起来或者继续躺着，根据你的意愿。

海灵格（对死去的儿子）：这是父亲。

案主（对索菲）：所有孩子都是同一个父亲。

"父亲"深呼吸并哭泣，他被死去的人牵引。

索菲（对案主）：你一共有多少个孩子？

海灵格：这个女儿和两个活着的儿子。

索菲：他们的年纪分别是什么？

案主：我的第一胎流产了，然后第二胎是个儿子，第三胎流产了，第四胎活下来了。

"父亲"跪倒在第一个"死去的孩子"身边，并把手放在他的胸前。过了一会儿，"父亲"去第二个"死去的孩子"那里并把手放在"孩子"的脸上。然后，"父亲"把"孩子"放到自己的膝盖上。这个"孩子"大声地哭泣。这时，第一个"死去的孩子"滚到一边，并站了起来。案主走向第一个"死去的孩子"，将他揽入怀里。然后，案主回到"父亲"那里。"父亲"已经把第三个"死去的孩子"搂在了怀里。

案主将手放在"父亲"的肩上并用尽力气将他往下推。"父亲"一边抗拒一边将她推开。

索菲（对案主）：对你的女儿说，"我鄙视你的父亲"。

案主：我鄙视你的父亲。

索菲：看着你的丈夫并对他说，"我鄙视你"。

案主将手放在"父亲"的肩上并将他往下推，然后抚摸他的背并哭泣

索菲（对案主）：你们家谁膝盖有问题？

案主：我的跟腱断裂过几次，我丈夫的腿也在一次车祸中受过伤。

索菲：他的腿后来怎么了？

案主：一条腿骨折了几次然后慢性疼痛了很多年。我最后一次跟腱断裂是在我怀我女儿两天以后。

索菲：我需要两条腿，要一个男人和一个女人来代表两条腿。

索菲（对大家）：这两个人各代表一条腿。

案主将头靠在"父亲"脸上。两条腿的代表上台了，女人躺了下来，男人半蹲着。同时，活着的"女儿"躺倒在地上。

索菲：你的胃也有问题吗？

案主：没有。

索菲：那么谁的有问题？

案主：我丈夫的。

索菲（对大家）：这可是个马蜂窝。他还有心脏病。

索菲（对男性腿）：你现在怎么样了？

男性腿代表：我只是关注这个女孩。现在她躺下了。我什么也做不了，我也无法逃跑。

索菲（对女性腿）：告诉这个男人，"我鄙视你"。

女性腿代表：我鄙视你。

索菲（对男性腿）：你对她说，"我也鄙视你"。

男性腿代表：我也鄙视你。

男性腿的代表站了起来。

索菲：现在呢？你现在可以站起来了？

男性腿代表：该死的，有谁看着这个孩子并转向这个孩子吗？

案主仰面躺下并哭泣。

索菲（对案主）：你为何留在德国？

案主：作为俄裔德国人的后代，我们曾因被遣返而搬迁。然后我们在德国居住了两年，后来我们又回到哈萨克斯坦。

索菲：现在呢？

案主：我住在哈萨克斯坦，但我有德国国籍。

索菲：那你的丈夫呢？

案主：我们住在哈萨克斯坦。我和孩子们拥有德国国籍。

海灵格：还有些其他的秘密。我们什么也做不了。我们在这里停下来。

索菲：胃疼的来源在这里，（指着左边）在这个方向。我们都看向家人，听取他们的抱怨，这些都代表着和他们祖先的联结。所有这一切并非从这里开始。腿的问题我还不知道。心脏病源于何处？

案主：我的祖父犯过几次心脏病，而且在一次意外发生后，他的其中一条腿就比另一条腿短了。我的叔叔也在一次车祸中失去了一条腿。

索菲：所以，我们都看着这些仍然站在某处的人。祖父是什么时候出生的？

案主：我们不知道他确切的生日，他来自孤儿院。

索菲：我们都看着这个家庭，看着所有家庭成员。他们是我们的兄弟姐妹。我们停止所有的审判，我们停止轻视他们，然后我们来看看为何人们会轻视他人，如同从前发生的那样。

索菲：

我们都闭上眼睛看着这个家庭。

在这个家庭剧目上演之前，尤其是胃疼来源开始之前。

我们想象一切都转向更好，一切都转向一个更好的结局。

每件事都有了一个更好的结尾。

然后，他们因此全部走到一起，而一切歧视的理由都消失了。

我们消融一切含有价值审判的想法，我们让它们飞逝，一切转向美好。

无论曾经有过什么，无论曾是哪种情形，现在，人与人之间，一切归于安宁与和解。

海灵格：但是这从女儿这里开始，她变了。

索菲：如果我们能够挺过来，一切都会改变。

索菲（对男性腿）：你在听吗？

索菲（对女性腿）：你现在感觉怎么样？

女性腿：非常好。

索菲（对女儿）：你现在感觉怎么样？

女儿：我超越了我自己。

索菲（对父亲）：你现在感觉怎么样？

父亲：我总是忙于照顾他们，但当我有时间的时候，我会感到自由。

索菲（对大家）：

闭上你们的眼睛。

在我们的内在，我们再次看向那些人，我们看向胃痛的来源。

因为饥饿或者是不好的食物而胃痛。

我们看着他们所有人，餐桌丰盛，摆满足够所有人下一世享用的食物。

男性腿：我感觉不到我的左腿了。

索菲把这名代表的身体扳直，让他转向"父亲"。

索菲（对父亲）：对他说，"我也知道什么是饥饿"。

父亲：我也知道什么是饥饿。

索菲（对男性腿）：对他说，"只是一点点"。

男性腿：只是一点点。

索菲："饥饿是不同的。"

男性腿：饥饿是不同的。

索菲（对女性腿）：现在你有什么样的感觉？

女性腿：就好像有某种力量将我拉向这个女人，似乎她需要我。

案主向"女性腿"移动，抓住她的胳膊，看起来轻松和愉快。

索菲（对案主）：对她说，"我爱你的腿"。

案主：我爱你的腿。

索菲（对大家）：我们来想象有足够所有人享用的食物，那些曾经缺乏食物的人也有了足够食物。

案主非常感动，拥抱所有"死去的孩子"。她与"父亲"相视而笑。

索菲：如果有人如此饥饿，那么他就无法好好走路，最后心脏也会放弃，我想我们可以在这里停下了。

案主走去"女儿"那里，她们轻轻拥抱。

一切都有记忆

案主：谢谢。

海灵格：疗愈的移动总是一样的。它让分离的重新回归。这个回归的移动从哪里开始呢？它始于我们的心灵。

灵性的场域

我想说点有关灵性场域的东西。我们在这里观察到的这个排列是一个局限的场域。它是一个良知与忏悔的场域，它展示了两种良知，坏的良知和好的良知，它们想要统一，而且只能在某种特定的程度上统一。但它们在同一个场域里移动。我们在结尾看到了一个疗愈的移动。

最初是关于一个摔倒的女儿，她总是从母亲那里离开。最后她们走到一起。这是这个场域的解决方案。家族系统排列的结局是让那些分离的回归。

问题在于，然后我们站在哪里呢？我们仍然留在一个愧疚与忏悔的场域里吗？一个对与错的场域里吗？我们仍然在这个场域里。但现在有了一条通往另一个空间的通道，它可以超越良知。问题是，我们如何过渡到这个空间呢？我在这里做一个大胆的猜想：通过超越死者吗？

冥想：无我

现在请闭上眼睛。

我们进入一个超越死者的移动中，一个超越所有死者的移动。

甚至超越一切存在，被带入一个无限的空性，进入一个无限的寂静。

全然的静默、无我。

晚间会议

索菲：从现在开始闭上眼睛，这意味着你回到中心。微微张嘴呼吸，这意味着你回到中心。提出恰当的问题，那个对你而言真正有意义问题。你准备好第一个问题了吗？

我和我们

第一个案主：自己和自我的区别在哪里？对我来说我有时候自陷牢笼，受限于我自己的自我。区别在哪里呢？

海灵格：没有区别。

案主：谢谢。

海灵格：有区别的是"我们"。

没有语言

第二个案主：当我想和对我非常重要的人说话时，我什么也说不出来，头脑里一片空白。

海灵格：你在心里说，"我把你留在安宁里"。明白了吗？

案主：谢谢。

我也想要

第三个案主：从很小的时候开始我就有阴道炎，大约每年发作两到三次。

索菲：闭上眼睛，回到你的第一次性交体验，体验两腿之间的感觉。你对其他那些人说：我也想要。我们是被允许这么做的，这是我们之间的秘密。

案主：谢谢。

我忍住

第四个案主：在排列过程中我感到左肩膀不舒服，我想知道我是否必须做些什么，或者那到底是什么？

海灵格：当你感觉到不舒服的时候，你对某个人说："我忍住"。

终于

第五个案主：当我还是个小孩的时候，我感觉到夜里有些东西让我非常害怕。当我来到这个工作坊的第一天，我在晚上有好几次都体验到了小时候的那种感觉。第二天晚上我还必须开着灯睡觉。

海灵格：当这种感觉来临的时候，你说，"终于来了"。明白了吗？

案主：谢谢。

基本的态度

第六个案主：作为一名排列师，当我被一个排列深深感动，我还是我自己，并没有在"空"里吗？

海灵格：对那感动你的事情说，"谢谢你"。

索菲：如果你被感动，那么你并不是清澈的通道。在你的人生里仍然有些需要清理的东西。你成了一个助人者。你帮助那些想要被帮助的人，你为他们做排列，这个排列就会表现出对立面或者正好与你想要成就的相反。你必须成为一个中立者。

海灵格：灵性并没有情感。

索菲：你知道家族系统排列的四种基本态度吗？

案主：不知道。

索菲：你们没有听过吗？没有恐惧，没有怜悯，没有胆怯，没有爱。

我把你呼出去

第七个案主：我的胸部痛得厉害，有要窒息的感觉。并且我的记忆也有问题，我什么也记不住。

索菲：从什么时候开始的？

案主：我并不十分清楚，也许是两年前。我母亲两年前去世了。她肺部有问题。

海灵格：告诉她，"我把你呼出去"。明白了吗？

案主：谢谢。

鞠躬

第八个案主：过去十年我的脊椎一直很疼，在很多不同的部位都有疼痛感，医生无法给我下确切的诊断，他们帮不了我。

海灵格：站起来，把麦克风拿开，然后深深地鞠躬。就保持那样，并且在内心说，"亲爱的妈妈"。你现在怎么样？

案主：我身体下半部分感觉轻松多了，但肩膀非常沉重，胸部压力很大。

海灵格：现在你看着谁呢？

案主：看着我自己。

海灵格：正是，那么你妈妈怎么样了呢？

案主：我不知道。

海灵格：我来告诉你个小故事。曾经有一个女人说她患了癌症。我告诉她，她应该对她的妈妈鞠躬。她无法做到，然后我就中断了排列。她的丈夫是一名内科医生，一年以后他给我写信，说他妻子现在能对她的母亲鞠躬了，然后她的癌症也没有了。明白了吗？

案主：是的，谢谢。

和平与安静

第九个案主：我想要和女儿建立一个真诚、友好的关系。我的问题出在哪里呢？是谁还是什么阻碍着我呢？

海灵格：你女儿多大了？

案主：27岁了。

海灵格：如果你不去打扰她，你们的关系就会以最美的方式建立起来。一个很有名的疗愈师曾拜访过我，她说自己和女儿的关系出了问题，因为她的女儿嫁给了一个患有精神分裂症的男人。自己的女儿和一个有精神分裂症的男人结婚，这让一个著名的疗愈师如何活下去？我给了她一个建议，一年不（和女儿）联系。一年以后她联系了我，她去拜访了女儿，一切都好了。

案主：谢谢。

白色衣服

第十个案主：当我站在许多人面前时，只要当下的事情与工作有关，我就会感到害怕。

海灵格：有一个简单的方法。当你站在很多人面前时，你想象他们都穿着白色的衣服。

案主笑了。

案主：在工作中也这样吗？

海灵格：是的，正是。他们都穿着白色衣服，明白了吗？

案主：谢谢。

冥想：我服务

索菲：

闭上眼睛。

张开嘴巴往外呼气。

在心里让所有的问题离开。

让他们沉入大地，变成养分。

然后你吸入新鲜的东西，干净，纯洁。

把那些折磨你的额外重负扔掉。

你说："在那些我无法引领自己思绪的地方，希望那些最有益于我的事情发生。"

你超越界限，朝那个方向微笑，然后你说："我服务"。

你微笑，你等待。

来到你这里的是什么样的服务？

它会找到你，让它找到你。

当你准备好了，说："是的，我准备好了。"

片刻凝思：天线

海灵格：里尔克在他的《致俄耳甫斯的十四行诗》的第十二章中说："天线感知天线，虚空的距离在传递。"天线与天线之间的空间对我们来说是空的，然而正是通过这个空，我们接收到重要的启示，接收到直接而无法抗拒的圆满的觉知。正是在空性之中，有些东西浓缩成无限的东西。

柏拉图在谈到个人观点的时候，也用类似的方式描述了同样事情。他问：我们如何能看到一个人允许我们所了解的她或者他？是什么超越了这个距离？在希腊语里，他把这种联结着我们的东西称为精神。我们无法探寻它，然而，无论我们如何想象或者称呼它，它都将我们固体的存在联结起来。联结着人与人之间的短暂距离，联结着整个广阔的世界，最终联结到我们的源头。在这个意义上，我们甚至能从事物之间最微小的空间中体验到无限。

在英文里，我们把这个联结我们所有人的空间称为灵魂。我们无法掌握灵魂，在我们看来他是空的。然而我们在他里面生活、移动、并存在。

我们如何体验我们的灵魂？我们如何在人与人之间体验到灵魂？我们如何在大自然里体验它？我们如何全面地体验它？我们如何在我们全部的存在里体验它？

我们通过一种感觉来体验它，最终以一种无所不容的爱来体验到它。我们通过灵魂与这个灵魂共振。我们通过灵魂联结任何距离。我们也可以说我们在万物之中听到一种无限的心跳，它将我们带入最深远的中心。

我们如何以最深远、最宽广的方式，听到和感知到它的跳动？它在寂静之中，以最有力的方式为我们跳动，在无声的寂静里，在空性的寂静里，在我们身体中每一个细小的纤维里跳动，在终极里摇曳。它是如何跳动的呢？怀着爱。天线是敞开的，宇宙是敞开的，无限地敞开，还有什么是敞开的呢？

我们的生命是敞开的，没有开始，没有结束，永远与我们最初始的灵魂共振，与圆满与空性共振。

巴特赖兴哈尔：第四天

这是2013年在巴特赖兴哈尔进行的一个课程的案例：第四天。

故事：道路

海灵格：早上好，这是一个训练课程，我想到一个关于家族系统排列的故事，我应该讲给你们听吗？

有个儿子来到他的老父亲身边，说："求求您，父亲，在您离开之前祝福我"。父亲说："我的祝福是陪你在知识的道路上走一会儿。"第二天，他们一起出门，穿过狭小的山谷，爬上了一座大山。当他们到达山顶时，天色已晚，然而此时，整个大地都笼罩在光芒里，延伸到遥远的地平线。然后落日西沉，霞光辉映，夜幕降临。晚上，当黑暗笼罩大地时，仍有群星闪耀。隐没在群星背后的是什么呢？是一个无限的空性。问题是，我将怎么做？我待在黑暗里。

问题

现在我们继续工作：现在开始，我给你们提问的机会。

妈妈，请求您

第一个案主：在过去的两天里，我的整个右边身体都感到疼痛，我觉得狂躁和愤怒。

海灵格：当然，这不是一个问题。这是要和我工作。这个问题与所有人有关。如果有些东西不清楚，我可以解释。但我给你一句话，你在内心说，"妈妈，请求您"。明白了吗？

案主：谢谢。

长大

第二个案主：你说对母亲说"不"是好的，我也要对父亲说"不"吗？那我位于何处呢？

海灵格：母亲是经由你父亲的母亲，因为他们合二为一，你成了他们的孩子。父亲在你的右边，母亲在你的左边，他们握着你的手。然后你往前走，他们留在你身后。现在你长大了。明白了吗？

案主：是的，谢谢。

排列：我将独自一人

海灵格：我要再展示一个排列。但这是一种特殊的展示。我要带你们进入这种排列。这会成为我们每个人的排列。如何做到呢？我们已经到达山顶了，现在我们看到空阔的四野，继续在黑夜里行走，然后我们将看到遥远的星辰。

我们应该做些什么，或者我们被带入某种无限了吗？在那里我们能否融入永恒的光里？

海灵格：有谁想来和我一起工作？

海灵格选择了一个女人，并邀请她坐在他旁边。

海灵格（对案主）：闭上眼睛。在心里说，"我将独自一人"。

过了一会儿。

海灵格：我想到一句奇怪的话，我不知道这句话要将我们引向何处，引向何种黑暗，引向哪个夜晚。这句话是："在十字路口，每一个人都在独自游走。"

案主点头并开始哭泣。

过了一会儿，海灵格选了一个人代表案主，让她走上台。她看着地面，并往前走了一小步。

海灵格又选了一个代表，并让她仰面躺在"案主"面前，与她隔着一定距离。

海灵格（对躺着的代表）：对另外这个代表说，"请求你"。

代表：请求你

躺着的代表变得不安，侧身像胎儿一样蜷缩着。"案主"开始颤抖，但并没有移动。

海灵格（对案主）：在十字路口，你死了。

过了一会儿。

海灵格：我在这里中断。谢谢代表们。

冥想：我独自承担

闭上眼睛。

我们检视我们的内心。

我们在哪里受苦？

我们想在哪里受苦？

在哪种孤独里，哪种毫无意义的孤独里？

所有的受苦都是无益的，没有爱，没有爱。

现在，我们对某人说："我独自承担，也承担愧疚"。

小组练习：我和我的愧疚

我想要来和你们做个练习，这样你们也可以变得主动起来。好吗？我想要两个人组成一组，其中一个人代表自己，另一个人代表对方的愧疚。代表自己的人不要移动，只是看着你的愧疚。愧疚也静静地站着不要动。这不是排列。你们站着不动，看着彼此的眼睛。这个练习至少需要十分钟。

推测

第一个案主：我在练习中代表的是愧疚。我感到自己很伟大，这是一种非常强烈的感受。就好像我看到很多很多男人想对她说：看看吧。她却仍然不想看，然后我就获得越来越多的力量。

海灵格：你把愧疚是什么讲得很好。愧疚对他人说的是什么呢？"我是你的上帝之神"。愧疚是傲慢的。它决定着生死，决定着天堂与地狱。那么愧疚对创造者做的是什么呢？我要展示给你们看吗？

海灵格用力跺脚。

海灵格：这是愧疚对上帝所做的。你将它很美地阐述出来了，谢谢你。

胜利

第二个案主：我感觉很愧疚。当我站在另一个人面前时，这是一种胜利。我感到很有活力。

海灵格：让他人感到愧疚是一种非常棒的感觉。太可怕了，所有的一切就这样发生了。

另一个维度

第三个案主：一开始练习我就感觉很不好。刚开始我接受了我的愧疚，在思维层面接受了，然后我的愧疚向后退。然后我意识到：将它推走并不是一件正确的事情，所以我想要将它纳入心中。紧接着一种巨大的寒冷覆盖了我的右边的身体。然后我意识到我右臂的下半部分产生了刺痛感。在那个瞬间，我真的很害怕，因为我对这种身体反应毫无控制能力，我担心我会杀人，或者我可能已经杀了人。我不知道。

海灵格：好吧，闭上眼睛，看着那把刀，并对刀说："请求你"，然后那把刀对你说，"我需要你"。

案主开始哭泣。

过了一会儿。

海灵格：我要告诉你一个关于愧疚的奇怪的句子："愧疚是堕落的。"但没有愧疚就没有爱。

海灵格（对案主）：你现在感觉怎么样？

案主：好了很多。谢谢。

海灵格：好的。

海灵格（对大家）：我要把你们带入另外一个生命的维度。

母亲

第四个案主：我想要和我的愧疚合二为一。我感受到对我的愧疚的很大的爱。我想要移向他，就像一只瞎眼的小猫，一只初生的小猫。

海灵格：这个愧疚是谁？是你的母亲！这只猫对她的母亲说的是什么呢，"我会为你而死。"

案主：谢谢！

海灵格（对大家）：我们现在应该把愧疚留在身后了吗？终于可以了吗？如果我们仔细看着他，我们可以通过他来做些不可想象的事情。

坏的

愧疚是通过什么而来的？通过良知，通过我们良知的声音。当我们背离我们的良知时，我们就有了一个恶知，我们就会想再要一个良知。

我们如何成就一个良知？通过做些坏的事情。并非通过做些好的事情。我们做的这些坏的事情大部分时候都指向我们自己，这是在惩罚我们自己。我们越惩罚自己，越把自己钉上十字架，我们的良知就越"好"。这不是很疯狂吗？

有多少人正严重地伤害着自己！他们鞭打自己，他们禁食到快要饿死。他们选择一条灵修的道路。总是朝向越来越匮乏，而非越来越丰盛。然后我们有了一个良知，那么我们身边的人感觉如何呢？

排列：我留下

索菲加入。

海灵格：现在太阳升起来了。你们在这里真好。我也代表了你们，我们因愧疚而一同受苦。

海灵格（对大家）：现在索菲在这里，我们继续排列，谁想来？

海灵格（对大家）：我以她的名义来选人。

海灵格选择了一个女人并让她在自己和索菲中间坐下。

海灵格：闭上眼睛。我想到一个奇怪的句子，你在心里重复它，并且等待着看它将你引向何处。这个句子是："永远和你一起。"

过了一会儿。

海灵格：对这个句子的回答现在来了，"我留下来"。

海灵格选了一个女人做代表并让案主站在她对面。

她们彼此对望许久。代表张开双臂。案主站在原地，一动不动。当代表想要靠近一些的时候，案主往后退。代表变得很焦虑，但她无法从她的位置移开。她朝案主微笑。案主朝旁边移动，并深呼吸。

索菲（对案主）：你或者你的家人做过些什么？对原住民做过些什么？也许不一定是有血缘关系的亲人，但你和他们有关系吗？你的祖先曾对印第安人做过什么吗？

代表的膝盖在颤抖，她看着地面，张开双臂左右摇晃。然后她看着案主，朝她走了几步，又朝旁边转了过去，一只脚又往前迈了一步。然后她再次转向案主并看着地面。索菲走到案主那里并把麦克风举到她面前。

案主：我相信我了解我的家族，几乎所有的家人都来自欧洲。但我不知道我母亲的母亲来自哪里。

代表在颤抖并想去到地面。

索菲：你来自哪里？

案主：我来自阿根廷。

代表靠近案主。案主也想移动，但索菲让她停了下来。代表张开双臂，左右摇晃，她的右手在颤抖。索菲将她的左手放在案主的脖子上，然后放手。

代表远离案主并跪下来。

索菲：欧洲人与印第安人原住民一点关系都没有，他们有关系吗？不，他们没有。

与此同时，代表躺倒在地。她张开手和腿躺倒在地。索菲轻抚她的脸。

索菲选了一个男代表并让他上台。他站在女代表旁边。女代表现在正趴在地上。男代表高举双臂，仰望天空。女代表抚摸着男代表的脚，并开始大声哭泣。海灵格选了五个女人，让她们紧挨着站在男代表面前。

男代表朝女代表弯下腰。女代表站起身来面对其他的女人们。男代表又一次向天空展开双臂。女代表的手臂开始颤抖。

索菲：太好了，无所不容的上帝，无所不容的上帝。太阳。

男代表：太好了，无所不容的上帝，无所不容的上帝。太阳！

代表们、海灵格和索菲，手拉手，一起举起手来。然后一个女人趴倒在地。

案主一直待在群体之外，但她从其中一个女人身后将自己的头靠在她的肩膀上，手臂挽着她的手臂。其他的代表躺倒在地。其中一个跪在了案主的面前并用恳求的眼光看着她。

海灵格：好吧。

海灵格（对大家）：现在，闭上你们的眼睛。我们想象我们正大踏步行走的地上，有多少座坟墓。

过了一会儿，他们全都站起来。

海灵格：我再次为你们讲述那个故事，此处有一点点延伸。回到那个儿子恳求老父亲的故事。当他们到达山顶，天色已晚，然而此时，整个大地都笼罩在光芒里，延伸到遥远的地平线。然后落日西沉，霞光辉映，夜幕降临。然而当黑暗笼罩，群星依然在远方闪耀。所有的一切，从未消失，一切犹存于全然的光里。我们超越它们，看向远方。我们超越它们进入无限的空性，进入一个富有创造性的空性。多么自由！

片刻凝思：明澈

　　如果天空是清朗的，如果它在白天是清朗的，那么在夜晚更是如此。我们凝视着无穷的辽远，用现代的望远镜。凝视对于我们可见的世界之穷尽处，或者，更确切地说，去往一切的初始。

　　我们因此而了解更多了吗？这种强大的移动以及在此之中所展现的力量，仍然留在一种深不可测的神秘里。因此，我们将我们的想法，甚至更多的是将我们的感受，从围绕我们的，移动的世界里，退出。

　　在那里，日常事务紧拽着我们，将我们置于牢笼之中。我们可以描述并度量他们，然后小小的成功便迅速离开我们，正如身边的一切，短暂停留，然后离去。

　　那伴随着对另一种辽阔的直接洞见而来的启悟，又是怎么回事呢？当我们被带入这些维度时，我们会怎样的释然轻叹呢？我们依然故我吗？或者我们被扬升到超越我们的物质界限，比如，进入我们场域的明澈？在我们日常的人生里，这种体验在哪种程度上是无法企及的呢？考虑到这是一种全然的现实，在这种现实里，展现着我们的过去，并且常常还有我们的将来。

问题是，这种明澈是否有一颗跳动的心？当它向我们开启，我们仍然还是同样的我们吗？我们是否移向了一个无限的空间，没有开始，超越一切已知的界限？我们如何发现这种明澈？

我们在没有身体的地方，甚至是没有场域的地方找到它，在无所不容的、无限的静默里，找到它。

问题是，这个静默便是终点吗？我们是否在这样的寂静里，触摸到了一切存有的边界？我们融解于这静默之中了吗？无限地融解于此了吗？

这终极的明澈是空，空空的，没有维系于任何存在，超越开始与结束，被带入另一种移动，在清澈之中，没有开始和结束。在结束之中，清晰是"空性"。

巴特赖兴哈尔：第五天

这是2013年在巴特赖兴哈尔进行的一个课程的案例：第五天。

反馈和提问

超越

第一个案主：在这次冥想中，我们为了进入空性而进入黑暗之中，这对我来说就像是往后退，我看到了所有的业力。我并没有全然的在空性之中，我能体会到所有好与坏的责任。但我感到中立。这种中立的感觉是一种进入黑暗的合适方法吗？

海灵格：是的，你感到中立，这超越了一切情绪。但你感到非常辽阔。

案主：我的凝视要广大很多，辽阔很多。

海灵格：但我们要从那里回来，不一样。感谢你所说的。

正确的事情

第二个案主：我在很长一段时间里没法去帮助别人，即便是我有这个意愿。有人求助的时候我总是找借口。我想着也许我根本不该帮他，这会干扰他的命运。另一方面，我想如果我知道如何帮他，我必须告诉他，让他自己去经历。我明白现在无论我做什么，无论我是否干预，对此刻来说都是合适的。

海灵格：我只是听，这就够了，好吗？

案主笑了笑并点头。

伟大的移动

第三个案主：我们看到了父母亲的原生故乡对孩子来说有多么重要。我的问题是：如何联系这一点来看待人们的迁移？

海灵格：这是一个重要的问题。关于战争，我们的立场在哪里呢？比如说最近的战争？我现在改变了一点点。如果你想说不同的东西，那么我会回应，但现在不回应了。所有的受害者都与其他人一起在行军之中，所有的受害者！我想到一个画面，画面中他们并不在我们身后，而在我们前面。我们跟着他们。这是一个巨大的移动。而个人被带入这伟大的移动，去向每个人个人的成就。

我当然没有回答你。有谁能回答这个问题呢？但这会给你一种自由的感觉。尤其是在这一点上：没有好坏之分，只有强大的力量。

警察

第四个案主：我在墨西哥做警察。我观察了很多人，我也可以感觉到他们有非常特别的力量。那并非死者的力量，也不是被排除者的力量。还有其他的力量，其他的存在。我们如何处置这些力量呢？那些闭上眼睛感觉和冥想的人，他们看到了黑暗的力量，我也看到了。

海灵格：在警察的脸上，我看到安全，也看到害怕。我欣赏他们，但警察通常并不承认我们。对我来说他们是英雄，但并不是被欣赏的英雄，他们甚至不能为他们所做的而感到骄傲。但我心怀尊敬地爱他们。你有个美好的工作，一个非常美好的工作。我支持你。

案主：感谢你。

我们的缺陷

第五个案主：当我们假设自己能感受到自己的力量并真正的发现它时候，能感受和发现自己的缺陷的时候，如果我们想到这一切，想到我们所拥有的和所缺乏的一切，那么我们该如何去成就并超越我们所缺乏的东西呢？

海灵格：我想到有一条格言：人非圣贤，孰能无过。我们因为不完美而美好。我用我的右手握着我的不完美，跟随在他们身后，我在他们身后感到安全。

案主点头微笑。

排列：我们的孩子和谁在一起是安全的？

海灵格：现在我们继续排列。

一个男人举手并坐在海灵格旁边。

过了一会儿。

海灵格：我心里出现一句话，不是给他的，是对大家通用的——"足够就是更多"。

他们相视而笑。

海灵格：你的议题是什么？

案主：是关于我的婚姻。我经常想要离开。

海灵格：你结婚了吗？

案主：是的。

海灵格：结婚多久了？

案主：七年了。

海灵格：你们有孩子吗？

案主：是的。

海灵格：有几个孩子？

案主：一个。

海灵格：是男孩还是女孩？

案主：一个男孩。

海灵格：我现在要做什么呢？

海灵格选了一个人代表儿子，让他上台来。他站在几米远的地方，一动不动。过了一会儿，海灵格选了一个女人做代表，让她站在"儿子"的对面。她把手举到面前，往前走了几步，开始痛苦地哭泣。海灵格让案主站在她的面前。

女人一边抽泣，一边朝案主走去。但案主一动不动。"儿子"朝女人走去并拥抱她。案主依然一动不动。案主从女人身边后退了几步，看向地面。同时，"儿子"从他们身边转身离开，看向另一个方向。

海灵格又加了另一个男人进来。刚开始他站在案主的身后，随后站在他旁边，然后他又朝旁边走了几步。案主也让自己离他更远。

女人在两个男人之间看来看去。她转向另外这个男人，朝他大声笑。然后他们拥抱。"儿子"几乎倒地。案主站在他旁边扶着他。他们俩都转身看女人和另外这个男人发生了什么。案主哭泣。

海灵格：好吧。我可以在这里停下了。谢谢代表们。

海灵格（对案主）：闭上你的眼睛，对儿子说，"我会既当你的父亲也当你的母亲"。

案主："我会既当你的父亲也当你的母亲。"

案主面露喜悦。

海灵格：这样可以了吗？

案主：是的，谢谢。

海灵格（对大家）：父亲不仅仅是丈夫。

过了一会儿。

海灵格：现在闭上眼睛。我看着我们和伴侣的关系以及我们的孩子。我们的孩子和谁在一起是安全的？和母亲？还是和父亲？孩子和谁在一起可以存活下来？

排列：最后一个

海灵格：大家还有问题吗？

一个参与者在海灵格身边坐了下来。

过了一会儿。

海灵格：你多大了？

案主：快28岁了。

海灵格：你结婚了吗？

案主：是的。

海灵格：你有孩子吗？

案主：是的，有一个儿子。

海灵格：你的问题是什么？

案主：我儿子现在快4岁了，在头三年里，我们一家三口住在一起。然后我也可以对儿子说"我既是你的母亲也是父亲"。现在我和他们母子分别在两个国家生活，已经一年了。再过一个月我可能就必须要和他们一起住了。我不知道我该为此做些什么。

海灵格：我来把这个排列出来。

海灵格选了一个人代表妻子，一个人代表儿子。他们两个都一动不动地站了一会儿。女人开始往后退。

海灵格要求案主站在"儿子"的对面。案主迅速转向"儿子"并向他伸出手。"儿子"往后退。

海灵格（对案主）：回到你的座位上，你没有沉静下来。那些快速移动的人并没有沉静下来。再回来这里坐下。

海灵格选了一个人代表案主并让他站在"儿子"的对面。

海灵格（对大家）：我们现在可以看到什么呢？妻子在往后退，儿子也在往后退。父亲站在那里，儿子想要去他那里。当父亲朝他走去，儿子就往后退。

"妻子"往后退了几步。"儿子"开始颤抖。海灵格让他面朝上躺在地上。

"妻子"经过"案主"，做着不屑的手势，因此他并没有靠近她。"妻子"跪在"儿子"旁边，轻抚他的脸。"儿子"也做了一个不屑的手势并从她身边离开。同时，"案主"也朝"儿子"走去，并向下看着他。然后他把目光移开，看向另一个方向。"妻子"坐在离"儿子"更远的地方。"儿子"仍然在颤抖。

"妻子"移到"儿子"的另外一边并坐在"案主"的旁边，她想要握住他的手，但他甩开了她的手。"儿子"移到离他们更远一点的地方。

海灵格（对大家）：父母双方都在等待儿子死去。我在这里停下。感谢代表们。

海灵格（对案主）：在这里谁快要死了？

案主：我。

我们这个时代的教育

海灵格：全都死了。

案主闭眼坐着，他的手开始颤抖。过了一会儿他往前倾，双手捂着脸。海灵格用手重重地锤击他的两肩。案主躺倒在地，双手往后伸。过了一会儿，他伸开双腿。现在他四肢大张。他的腿开始剧烈地颤抖。然后他滚到一边，把手臂和腿收回来。

海灵格选了一个代表，让他站在躺倒在地的案主前面。代表先是将目光越过案主，然后向下看着他。代表面部扭曲，似乎试图压抑泪水，他一手放在胸前，看向上方。案主抓住他的手，抱着他的腿哭泣。

海灵格（对案主）：他是你的双胞胎兄弟。

过了一会儿。

海灵格：站起来。

案主站起身来。他和另外这个男人握着彼此的手，轻轻拥抱。他们都哭了，然后彼此凝望。

海灵格把妻子的代表和儿子的代表唤回台上。儿子在颤抖。男人对"妻子"伸出一只手。"妻子"和"儿子"缓缓地向他靠近。案主跪下来，一只手放在"妻子"的膝上，另一只手放在"儿子"的膝上。

海灵格：好的，谢谢大家。

海灵格：这是一个奇怪的排列。先是所有的一切都分开了。然后曾经丢失的环节又出现了。我要为你们做一个冥想。

冥想：终于找到家

现在我们进入我们的伴侣关系，我们来看看彼此间的距离。

闭上眼睛。

我们看着彼此的距离，然后等待丢失的东西出现。

我们想念的人，在我们的家族里，或我们父母的家族里。

有时候是一个双胞胎同胞，或者是家中的另一个孩子，比如一个流产的孩子，或者是父母的前任伴侣。

无论是谁，那就如同一个从坟墓里走出来的人，如今出现在我们面前。

因此，我们等待一些东西开始移动，然后回家。

我们也用同样的方式看着我们的伴侣。

他或者她被什么秘密或者人所围绕，就如同被一个光轮所围绕？

现在，我们的伴侣开始绽放不一样的光芒，我们也是。

我们看着伴侣的眼睛，看着对方发光的眼睛。

排列：伴侣关系

海灵格：我想要继续伴侣关系的话题。

海灵格（对举手的案主）：这是你的第几段关系？

案主：第三段关系。

海灵格：这几段关系里都有孩子吗？

案主：只有目前的关系里有。

海灵格：有几个孩子？

案主：有两个儿子，分别是五岁和八岁。

海灵格：我需要三个女人来当代表。

案主：好。

海灵格：你来选代表。

案主选了三个女人，然后他说谁是第一任、第二任和现任。海灵格选了一个人代表案主，他让"案主"找到合适的位置站好。

"第一任"走向"案主"，他们对彼此微笑。"案主"看向地面。"第一任"将一只手放在"案主"胸前。"案主"看向"现任"，然后看向"第二任"，他和"第一任"肩并肩站着。"第二任"看着地面。

海灵格选了一个人代表死去的女人，并让她躺在"第二任"面前。"第二任"跪在代表的面前，但代表将头转向一边。

"案主"和"现任"对彼此微笑。

海灵格选了两个人代表儿子。"现任"和"小儿子"走向彼此并拥抱。"大儿子"走向"第二任"，"第二任"看着他。"死去的女人"直起身来。"第二任"和"死去的女人"向"大儿子"微笑。"大儿子"跪在她们面前。"大儿子"和"死去的女人"拥抱。"第二任"把手放在"大儿子"的背上。"案主"现在站在了"第二任"的身后，并向前移动。

海灵格：第二任伴侣还有前任伴侣吗？

案主：是的。

海灵格：大儿子代表了谁？代表了她的前任伴侣。而这个死去的女人是一个被流产的孩子。

海灵格（对案主）：看上去你并没有孩子。你的代表没有掌控力,他一直在徘徊。

海灵格走到"案主"那里。

海灵格(指着所有代表):现在你将他们所有人纳入你的场域。所有人!

"案主"看着所有其他代表,其间他不时地往上看。

"第二任"站起身来,她走向"案主",靠在他的胸口。"案主"从她身后拥抱她。她把一只手放在他的头上,将他的头拉向自己。

"现任"和"小儿子"也转向"案主"。"大儿子"现在站在"小儿子"旁边,他们手拉手站着。

"死去的女人"再次躺下。"大儿子"走到她那里,在她面前倒下。

"第二任"现在站在"第一任"的右边。"大儿子"在地上滚。"案主"一直看着远方,然后将目光收回。"小儿子"转向一边,看着外面。"现任"向"案主"靠得更近了。

海灵格(对现任):你也做同样的事情,你把所有的前任伴侣纳入你的场域,也许也包括从前的孩子。

"现任"看着地面,然后看向"案主"。"案主"友好地看着她,但其间不时地看向天空。"案主"深深地叹气,然后擦了擦眼泪。

"现任"去到"大儿子"那里,跪在他面前。"大儿子"直起身来,他们紧紧拥抱。"小儿子"再次转向其他人。

海灵格选了一个女性代表,让她躺在"死去的女人"旁边,代表第二个"死去的女人"。这个代表很不安。"第二任"仍然站在"第一任"旁边,并抓着她的喉咙,最后倒在地上。"小儿子"抓住了她,稳稳地抱住她。然后她往地上沉下身去,转身握住"案主"的脚。"现任"和"大儿子"都跪倒在"死去的女人"旁边。

海灵格(对现任):留在场域里。

第二个"死去的女人"仍然不安地移动。"大儿子"把一只手放在她身上。

海灵格(对案主):你感觉怎么样?

案主:我完全不知道自己感觉怎么样。

"第二任"跪倒在第一个"死去的女人"旁边,"现任"和"大儿子"跪在第二个"死去的女人"旁边。"案主"一直看着天空。

海灵格:我在这里停下。谢谢所有的代表。

海灵格(对大家):一些成功夫妻关系的理想画面粉碎了。成功的伴侣关系总是多重配偶的。

海灵格(对案主):祝福你。

冥想:场域

现在闭上眼睛。

我们进入我们的场域,进入我们伴侣的场域。

首先进入我们自己的场域,然后我们联结上伴侣的场域。

找到融合两个场域的方式。

你们感觉怎么样?更轻盈了吗?更圆满了吗?更完整了吗?

团体练习

我建议我们再做一次小组练习，分享我们这次排列的经历。

共享的场域

第一个案主：我想要来分享我们小组的经历。我们五个人之间没有语言交流。我们没有说话，只是共享同一个场域。突然，我们就进入了一束光。我们互相交换了几次位置。到快要结束的时候我们有一种感觉，至少我有，我们可以这样一直待到下一个训练营。这就是我想要分享的。

海灵格：谢谢你。你所说的是灵性家族系统排列在内在发生的作用。我们进入另一个场域，然后突然我们就知道发生了什么，然后就是下一步。

冥想：广阔

现在闭上眼睛。

我们进入我们工作的场域，与那些对我们有所期待的人相连。

我们可以将一个真实的状况呈现在心中。

也许是一个我们无法有所进展的状况？

你们怎么样了？从一个步骤进入另一个空间，你们成功了吗？

今天早上我被一种美妙的方式所引领。

我体验到自己被一种特别的方式所引领。

我们是如何被引领的呢？

通过凝视一个无限广阔的空间。

然后一切变得简单。

良知是一切

索菲：现在保持安静，不要说话。闭上眼睛，进入内在。这把椅子坐起来感觉如何？你的心脏和面部感觉如何？你的脸就是你心灵的镜子。

现在感觉你的腿在地上。然后感觉你的呼吸。现在你在吸入更多空气吗？

然后把你的右手放在你的心脏上，左手食指伸出来高举向天空。

因为有上，所以有下，而下面的和上面是一样的。因此我们可以完成奇妙的工作。你的手指就像天线。正如里尔克所说："只有天线可以感知到天线。"你的表情决定你与谁产生联结。觉知就是一切。

海灵格：这是一个多么好的开始，我还能再补充什么呢？看着人们进入天堂吗？

许多上帝

索菲：当没有人去教导他的兄弟，告诉他什么是好，什么是不好，那一天就会来临。我会将我的律法放在他们心里。

索菲（对大家）：你们知道我是多不在乎圣人吗？有些东西在

这里也适用。一会儿我会说些相关的事情。

索菲：我不依恋任何人，不依恋圣人，也不依恋上帝。我不是奴隶，我也是一个神圣的存在。我们问自己为什么我们的伴侣关系这么糟糕，这么艰难。

每个人都在心里深藏着这个愿望。没有伴侣关系的人生会是什么样的？没有爱的人生会是什么样的？为何成功的伴侣关系那么少？如果我们回过头去看那些美丽的神话故事，就如同他们在圣经里所描述的一样，有一个像天堂一样的境界，那里有一个男人和一个女人，他们很开心。

到底发生了什么？他们为何不再开心？有人诱惑了他们。他说：你将会知道这里的一切，知道，知道，知道。这个人承诺了，并恪守着他的承诺。

我并没有谈论那棵无花果树，或苹果树。这些都是美丽的故事，都是为我们而创造出的故事。我不是圣经专家，也不需要成为圣经专家。然而有些关于地球上住着许多上帝的暗示。他们生活在人类中，他们彼此竞争。所有的上帝都有不同的目标。他们想要力量、名誉和荣耀。人类可以投靠这些上帝。他们确实去投靠他们，询问他们，向他们祈祷，然后就有些事情发生了。

但是事实上这是因为许多人对于唯一的上帝都有同样的体验和智慧。许多人突然有了共同的经历，同一的神性经历。但他们很快回到他们曾经敬畏的上帝那里。然而，最终上帝失去的人越少，他们就变得越强大。他们创立了他们的宗教。突然好几个宗教彼此对抗，每一个都说自己是全宇宙唯一的上帝。宗教一词源于

"religio"，意思是：重新联结。我们都仍然在内在感知到这种重新联结，这种对源头无法言述的渴望。这种人类创造的体验联结着我们所有人，无论我们是否信仰宗教。当人们感到糟糕时，即使不信教的人也会去祈祷。

这意味着我们知道我们源于何处。人类不是无缘无故地转向他们敬仰的神性。

有谁知道这些神性源于何处呢？如果你去看埃及神话或者希腊神话，这些都有美妙的记载。通常这些上帝都是半人半兽。但那都是些什么上帝呢？

最近，我的腿在墨西哥的人类学博物馆突然失去了知觉，我突然躺倒在地上。人们可以看到古文明人类牺牲自己的心脏，将它供奉在容器里。数百人呐！这个上帝戴着一条有无数条蛇缠绕着的腰带。

谁说在天堂，你只要吃了树上的果实，你就会获得智慧？谁盘桓在那棵树上？谁把心脏献给了这个上帝？谁命令将孩子们、婴儿们、幼小的人们砌进教堂的墙砖里面？然后这样教堂就会永远被祝福？数以百计的婴儿和儿童被砌进巴黎蒙马特区的水泥地基里。直到今天，很多人仍然还在这样说耶稣：这是他的血和肉，我们喝了它、吃了它。然而什么都没有变得更好，也没有更糟。

为什么两个人会相遇？作为人类，他们被彼此吸引。然后在一场关系里，战争随之而来。这是力量的较量：哪个上帝会胜利？男人的上帝还是女人的上帝？合一即会赢。

为什么那么多女巫被烧死？为什么牧师必须发誓他们永远不会

和女人有性关系？我认识一对伴侣，男人说："当我在两百米之外看到她时，在人群之中，我就知道，这就是我要找的人"。他们在一起四十五年了。他们为什么还在一起？他们为什么还能在一起？他们有同一个神性，他们来自同一个星球。没有不同，没有战争，几乎没有矛盾。丈夫几乎不看其他女人，妻子也不留意其他男人。这些故事在我内心发生作用好些年了。他们总是指向同样的问题：为何家族系统排列会起作用？为什么它会不断发展？因为我有一个不同的上帝，我为另一个神性服务。我对我的神性有一个良知，他对他的神性也有一个良知，如果我们来看整个游戏，会看到这是一件多么奇怪的事情，看到我们为此付出了如此多的能量，只是为了说：应该是这样的。这在关系里制造了多少矛盾！

所以，这是整个话题的百分之五。我并不期望你能马上领会并遵循它。

在我的内在曾经有过一次很大的触动，有人对我说他已经进入一个无限的层面：他坐在一张桌子上，十二道银河的奥秘就在周围，充满在宇宙的某处。我想，他真是在信口开河。任何人都可以坐在桌子上说：我坐在有十二道银河的奥秘的桌上，这是宇宙的某个地方。

他看到我的怀疑，并没有在意，他对我说："无论如何，我并不在意。因为如果人们只去理解圣经的字面意思，并相信它，我可以说，正如耶稣所言，我的王国不是那个世界"。

然后我更加觉得他很荒谬了。然后他引用圣经里那个孩子和葡萄园的故事。他说："写得很美，但每个故事里只有一句话是真的，所有其他的，都是为了迷惑人们编造出来的。"

我看着他，在那个瞬间，我很遗憾我没有海灵格那么了解圣经。

然后他做了个不屑的手势，过了一会儿，我就在身体里体验到了我从前从未体验过，也永远没有再次体验过的事情。我到了他到达的场域。我感觉到身体内的细胞、血液里的细胞以及所有他也知悉的事情，而且无穷无尽。然后他看着我很长时间，说："我们还会再次相见。我们，你和我"。

无论那意味着什么，我把这次经历告诉了伯特·海灵格。他可以探索得非常深远。然而我在某个阶段意识到我是在心灵里有了这个体验，而不是用头脑体验到。我只能这样描述。在那个瞬间，我是一切又是空性，怀着无限的热爱，与每一块石头联结，与每一样事物、每一个目光相连。大致就是这样，我可以说，百分之八十或者九十的体验归属于我。

我想我们总是只能在通过场域产生这样的体验，而不是通过语言。也许我们会认出彼此并且知道我们的家在何处。因此我们也可以这样说，就像电影《ET外星人》在结尾的台词：外星人呼唤家，外星人呼唤家。

然而，也许我们可以在这里体验到家。我不需要把心掏出来，奉送给一个上帝，因为我们怀着我们的心灵，我们都是神圣的。

冥想：回家

索菲：

现在我们闭上眼睛。

看看你能否在你的内心找到一个可以停泊地方，一个家。

心灵总是没有意图的。

如果你可以在内心听到这个声音，如果你找到你的心并让它发光。

每个人都会在你的眼睛里看到它，无须言语。

天线感触到天线，在虚无的空间来回传递。

去感知"可以"是否出现在你的心里。

这个"可以"来到你的面前。

没有任何其他人被允许以价值观为评判标准来说"可以"或者"不可以"。

没有人被允许去评判你。

慢慢地转头，把你的注意力转向你闭上眼睛也能看到的地方，只能是闭上眼睛能看到的地方。

颜色？人影？形状？你在对哪里微笑？

是的，是的，你的面部表情反映了宇宙，到最后，它到达源头。

它回到你这里来，回到你此刻的时间镜像。

让它离去。

让所有的紧张离去。

让你自己被这里活跃的频率带走。

然后，通过某种方式，你找到了你的伴侣。

每一个想法都是一个行为，每一个想法都是一颗种子。

用不了多久，这个场域将会引领你走向自己的道路。

伴侣关系：结束

索菲：你们准备好了吗？我亲爱的老公对我说，"我可以一直听你说话"。

这便是有关成功的伴侣关系有多难的介绍。本质上来说没有人可以介入。这个过程是如此复杂，那么多的联系以至于这张网无法完全解开。我们对生命有什么样的了解呢？我们总是说：这是我的童年，这是现在。但现实中我们了解得如此少。物理学家说每一次心跳都有99万个处理程序发生，我们对这一切却一无所知。

现在开始伴侣关系的排列。谁有伴侣关系的问题？

海灵格选择了一对伴侣。他们来到台前。

索菲：等一下！你们有（需要解决的）问题吗？还是只想提问？只想提问？好吧，来这里问问题。

男人：这是我的第二段关系。在冥想过程中我太太提出一个和我的前妻有关的问题。我和前妻有两个女儿。我的前妻仍然在经济上依赖我。我的伴侣感觉到这件事让她失去位置，因为这件事让她没有被放在正确的位置上。

索菲：是她导致你和前妻分手的吗？

男人：不是。

索菲：一个像你这样有一颗大爱之心的人，有像你这种感觉的人，会有足够的空间给三个人、四个人。

同时，海灵格让这个女人站起来，让她看着外面。

索菲（对女人）：你在这里感觉好些了吗？

女人：是的，我感觉很好。

海灵格（对男人）：好，那么就是这样了。

索菲握着男人的手，将他带离到另一边。男人用双手擦眼泪，他看向地面，往后退几步走向妻子，然后停在那里。

索菲：每一步都很痛苦。

过了一会儿。

索菲：找到一个让你的心灵舒适的地方。这通常不是我们多数人认为的地方。

他往后退着经过了妻子，转向一边，看着外面。

索菲（对女人）：你也有过前夫吗？

女人：是的，我有过一个。

索菲：那么你为何如此愤怒？你对谁这么生气？

女人：不知道。

男人转过身来，看着妻子，她没有看他。

海灵格：好吧，就是这样了。

男人

索菲：我必须要一遍遍地说，自从我了解了男人，我作为一个女人几乎无法言述一个男人可以忍受的有多少。他们经常表现得那么奇怪，他们不让任何人进入。你居然敢哭！你居然敢说出你心里的话！那该多么痛苦！年轻的男人会稍微好一点，但无论如何不是所有男人都年轻。如果一个男人允许自己往内心看一眼，那么女人经常会表现古怪。下一步就是：女人往往就不想再要这个男人了。好吧，这就是我的印象，是我对男人的敬畏与尊重。我自己是一个女人，我知道我们是怎么回事。

片刻凝思：重聚

重聚让某些东西重新汇聚起来。重新汇聚什么呢？让我们重新汇聚我们的力量，重新汇聚偏离了中心的一切，重新汇聚关于我们内心深处的自己的一切。

这种重聚是短暂的，它也把我们带到某个地方。因为我们重聚所朝向的这个中心是无限的，所以我们永远无法抵达它。我们被某种无限的东西吸引到超越它的地方，进入一种空境，一种无限的空境。我们融于其中，却不迷失自我，因为这空境没有中心。它是无限的。

然而我们在源头中体验自己，我们怎么可能远离它去另一个源头呢？

因此这个重聚没有开始，它追寻着自己，被某种永恒的东西承载和带领。平静地带领、永恒地带领、轻盈地承载，与曾经发生和即将到来的一切一起，紧密地合而为一。我们如何怀着这种心情重新汇聚、继续生活？

我们继续活着，与这终极同在。我们没有了想象中的未来，却能怀着重聚中的爱，朝向一切如其所是的样子继续走下去，没有分离。

巴特赖兴哈尔：第六天

这是2013年在巴特赖兴哈尔进行的一个课程的案例：第六天。

反馈和提问

海灵格：大家早上好。昨天是一个特别的日子，通过一个特别的排列，索菲带领我们进入了一个维度。我可以想象你们仍然会有疑问。

灵性的良知

第一个案主：我有个关于良知的问题。很多年来，你一直在谈论和写作有关良知的东西。你写过灵性的爱，你也谈过好的良知和坏的良知。

海灵格：我们的良知有一个功能。它让我们与我们所归属的集体相连。我们的良知在每一个瞬间都与我们同在。我们会马上知道我们是否切中正题。同样，我们每时每刻都非常清楚自己是否仍然与集体协调一致，与我们所归属的群体协调一致。

良知有两个基本的概念。一个是"是的"，另一个是"不是"。

"是的"意味着我可以确定我的归属，"不是"意味着我担心我可能失去我的群体或者某个人。在这种程度上来说，良知并没有好与坏的标准。那是一种我们不断留意到的即刻感受。

最首要的归属是对父母的归属。对父亲的归属不同于对母亲的归属。良知没有内涵，那只是一种感觉，是或不是。

但现在我的母亲与她的父母联结，与她的系统联结，和我的父亲有不同的良知。反过来也一样。

因此我们的父母就会一直争斗。婚姻的争吵是不同的良知之间的斗争。现在最重要的是要找到维持父母之间和平的方法。那是可以实现的，如果他们两个都少一些对他们原生家庭的良知的话。

案主：你的意思是他们必须超越他们所继承的良知。

海灵格：正是。这样他们就进入了另一个良知场域。然后他们就可以找到一些让他们达成一致的方法，一个共同的良知。然后孩子们便从内在的矛盾中解放出来，从有关好与坏的矛盾中解放出来。我现在只是通过一个案例简要地触及这点，你的问题得到回答了吗？

案主：没有完全得到回答。你说过在灵性的爱里也有良知。

如果我们与其联结，我们就会有好的良知，如果我们失去和他的联结，我们就会有坏的良知。

海灵格：我们经常谈到的灵性是我们所认为的灵性。家族系统排列工作，正如我们在这里所看到的那样，并没有内容。这种终极是空性。我们在这个空性里走向我们终极的臣服，没有好和坏，没有良知。

案主：非常好，谢谢。

家族系统排列：去往另一个空间的路途

第二个案主：当我阅读您的《去往另一个空间的路途》这本书时，我感觉那是完全崭新的知识。这种感觉在这个工作坊刚开始时也出现了。然后我让自己被你的冥想和索菲的话语所带领，然后有些东西吸引着我。我们这几天做的排列，无论那是什么排列，只要进入了另一个空间，就像不再有排列一样。

海灵格：是这样的。因此，经常只需要一句话就够了。尽管家族系统排列的故事一直是很重要的故事，那仍然是我现在立足的基础，但我的目光超越了它，就像你一样。谢谢你的反馈。

案主：谢谢。

结束和开始

海灵格：现在这个很棒的课程快要结束了。又或者它走向了开始？

未来总是把一些东西留在身后。我们不断地面对同一个事实，一步向前，另一步就被留在身后。当我们回到我们工作的场域，就会很容易重复一些东西，因为我们习惯了它。

现在一个不同寻常的句子到了我这里："每一次重复都是一次损失。"

生命中没有重复。总有些新的东西来到我们的生命里。在重复里，我们认为我们可以做到。然后我们和我们想要帮助的那些人被引入歧途。

我们如何永远保持继续前行？让我们的目光拥抱一切，进入一个无限的空性。一切都有边界，一切的存在都有边界。然而，在一切之中，我们感觉到有些其他的东西在工作，我们无法揣测这个其他的东西。这个我们无法揣测的东西没有存在的实体，它是空的，是通往另一种良知的路途，在超越一切我们所是、所有、所认为的存在里继续。

然而，奇怪的是，如果我们转向它，我们会感觉和体验到一种特别的力量，无法揣测的力量。任何无限的东西都是无法被掌握的。但这个无限却通过某种行动来展现自己。因此这个无限是具有创造性的，他在某种存在的东西里展现自己。于我而言，如果我对其敞开，就像我经常在这里所展示的一样，我会进入黑暗，进入空性，然后我等待。如果我从那里偏离，如果我没有和这种终极相连，我就会变得无助。然后我就在家门外徘徊，无所事事，感到受限。所以说，当我走到最后，一句话突然就出现了。不是只有一句话，一个使命。但我必须总是尝新，这一方面是一个可怕的挑战，另一方面又光辉灿烂。

冥想：告别

海灵格：

现在闭上眼睛。

我们在这里学习了如何进入空性，在深沉的寂静里。

因此，我们在这里等待。

我们把已经计划的一切重要的事情都留在身后。

每一个关于对错的确定，我们都将其留在身后，然后我们变成空性。

现在，转向这个空性，我们有一个需求。

我们在心里，对这个无限说"请求你"，然后我们等待一个答案。

这个答案总是令人惊讶而且短暂。

突然，我们感觉到下面的力量，好像来它自地球的中心，一个往上升腾的力量，一句重要的话。

突然，我们知道了下一步。

索菲：

让你的眼睛闭久一点。

我们对那些正要开车回家的人说再见。

我们想用音乐说告别，而不是握手。

我们用眼睛说告别，用心灵说告别。

是说再见的时候了。

某个时间，某个地点，我们会再次相见。

第四部分

未来

布拉迪斯拉发：第一天

这是2013年在布拉迪斯拉发进行的一个课程的案例：第一天。

新的家族系统排列

海灵格：能来到这里我很开心。我想要带领你们去另一个层面，一个超越我们曾经的家族系统排列的层面。在家族系统排列里，随着情况的发展，许多人用他们自己的方式陆续参与进来。但我将要在这里展示的家族系统排列是崭新的。

我已经想过这意味着什么：这个新的排列没有过去。想象一下那意味着什么，我将你们带往一个层面，在那里的一切都是全新的，没有重复。这个新的层面是具有创造性的，它由其他的力量所推动。而我是传播其他地方的讯息的人，这是我的亲身体验。现在我要开始向你们展示。

方法

我会问有谁想来仔细看看某些东西，和我一起来看。然后我会让大家举手，然后在并不认识这个人以及不了解他的问题的情况下选择某个人。我会让他或她上台来，坐在我身边。但我不看他们。然后我等待一个提示、一句话、一个简短的句子。这句话或者句子便开始在我这里工作。

这个句子或话语来自其他的地方，超越了我和这个人。那是一句对这里每个人说的话，包括我。我们都被带领去一个超越我们曾经所在的层面。

我也会在合适的时候做一个排列，比如我们会为这个人选择一个代表或者让他或她自己加入排列。然后这个人就被一个移动所引领。这个移动是一个疗愈的移动，不需要语言。

现在我已经做了一点解释，那么我们开始。

排列：结束了

有谁想和我来一起工作，来看看某些东西？

海灵格选了一个女性并让她坐在自己身边。

海灵格（对女人）：把你的眼镜取下来。这一点适用所有和我一起工作的人，做排列到时候不要戴眼镜。

海灵格（对大家）：我有了一个句子，一个特别的句子，你们也可以在心里说这句话。大声喊，"哈，哈，哈"。

女人笑了，她朝左右两边转。大家也笑了。

海灵格选了一个代表并让他来到台前。他让女人站在代表的对面。

代表朝女人迈了几小步，然后又迈了两步，然后他转向一边。女人一动不动。

海灵格（对大家）：我们已经看到了一切。

冥想：请求你

闭上眼睛。

我们来检视内在：是谁？我们正在嘲笑的是哪一个与我们亲近的人？

是谁正在用这种方式嘲笑我们？我们和其他人是否仍然活着？

我们还有未来吗？一个崭新的未来？

被嘲笑就是结局吗？

现在我们对另外这个人说，"请求你"。

诚挚

我们现在是在一个诚挚的状态里吗？如果有些东西是严肃的，那一直会是如此。那总是关乎生死。这就是诚挚。这也是我们在这个课程里必须记住的。

然后我们会发生什么呢？我们可以想象吗？我们从死亡里崛起。这就是未来。这也是这个课程的主题。同意吗？

很好。

排列：走向未来

你们还有勇气来和我一起工作吗？还是你们现在有了更多的勇气了？有谁想来？

海灵格选了一个女人并让她坐在自己身边。他为她选了一个代表并让她到台前来。他让女人站在离代表一定距离之外。

海灵格（对案主）：她是你的未来。

案主向"未来"走了几小步，然后她看着地面。"未来"往后退了一大步。

海灵格（对案主）：未来在你的面前。你不要去追她。看，她总是离开。未来不接受哀号。（案主开始大声哀号）。

海灵格："未来"又往后退了一点，她需要尊重和爱。还有一些关于未来的东西。未来就是现在！她很快会消失。

过了一会儿，案主靠近"未来"，她们互相拥抱了很久。

海灵格：好，谢谢你们。

海灵格（对案主）：在我身边坐一会儿。谁是你的未来？

案主：我的母亲。

海灵格：正是。好吧，就是这样。祝福你。

冥想：我们的未来

现在我们闭上眼睛。

我们看向我们的未来。

我们对自己的未来做了什么，以至于她看向别处？

当我们的未来看向别处的时候我们多大了呢？是在我们多小的时候呢？多么荒谬的时候呢？

然后在心里直起身来，看着未来的眼睛。

我们只说一个字："现在"。

团体动力

关于团体动力有些特定的规则。我学习了团体动力并将其运用在许多情境中。如果你们做团体工作，那么我现在的建议会有帮助。

在团体工作中显示，一段时间之后，团体中的每个人都有说些什么的需要。因此，我建议我们现在组成小组，每个人说些东西，比如，你感受如何。然后团体会获得力量，事情会进展得更顺利。这不是一个自己可以单独学到什么的课程，这是做系统排列工作的人也可以学习如何处理小组活动的课程。所以，五、六个人组成一组，坐在一起分享体验吧。我给你们十分钟时间。

反馈和提问

我给你们反馈和提问的机会。

好奇和感恩

第一个案主：我的一个好朋友把我带到了这里。他说做些这样的工作会很有意思。我很好奇，我也很感激能到这里来。我想说这是怎么起作用的。我一无所知，但我也会完全敞开心灵接受惊喜。

海灵格：你是否也有问题呢？

案主：我的问题就不在这个台上提出了，非常感谢你。

完成

第二个案主：我一直非常期待遇到您。我已经在家族系统排列领域工作很长时间了。我们小组的成员来自几个不同的国家。我获得了力量，现在我坐在了这里。我的人生到了一个阶段，我在这个阶段开始了新的工作。我希望通过这个工作创建我的未来。我的问题与此相关。我该如何做才能成功？

海灵格：我给你一个答案。闭上眼睛。答案是："完成"。

案主：谢谢你。

排列：未来之前

第三个案主：我们是一个从保加利亚来的小团体，团体里有三个女人。我们很开心来到这里。我们现在正在我们的小团体里工作。当你说我们应该在团体里工作，我们突然发现我们在一起，我们三个在一起。我们很久没看到彼此了，我们明白了我们来到这里是为了遇见我们的未来。

海灵格：这已经够了，我要把这个排出来。

海灵格选了一个人代表案主，另一个女人代表她的未来。这两个人面对面站着，中间隔着一段距离。她们谁也没有动。过了一会儿，"案主"看向地面。海灵格选了一个男人，让他躺在"案主"面前的地上。

"案主"还是一动不动，"未来"转身离开之后，她仍然没有动。

海灵格（对大家）：未来转身离开了。首先是躺在地上的那个人的问题。

海灵格（对案主）：清楚了吗？

海灵格（对代表）：谢谢你。

海灵格（对大家）：那些对家族系统排列还不熟悉的人，我给你们一个提示。如果一个代表看向地面，那么这意味着他看着一个死人，也意味着：这个人也想死。因此，死去的人的问题必须先要得到解决。我只是在这里展示，因此你可以看到我干预的背景是什么。

其他的家族系统排列

海灵格（对大家）：现在我们继续。你已经注意到，我在这里向你展示的与做些什么无关。"做"的意思是：请为我做一个排列。或者排列师会说：我会为你做这个。

做笔记

我想要说些东西。我们无法把启示录记录下来。举个例子：耶稣在山上布道。如果有几个人打算把它写下来，那还剩下什么呢？做笔记是一种保护措施。通过做笔记，我们保护自己的心不会被刺中。但如果有人认为他应该如此，我不会做任何干预。

德语里有一个著名的格言："每个人都是自己不幸的创造者。"我的补充是："这种不幸会持续到他们醒来，届时幸运的一面也会到来。"

清醒

最近有人给我寄来了一本书，但包裹上没有写寄出者。我开始读这本书。书的作者研究了几个世纪以来的那些疯狂的人。有些人疯了30~40年，直到他们死前几个星期才重获清醒，甚至有人直到死前几个小时才清醒。因此，清醒并没有拒绝任何人，即使只是让人获得死前几个小时的清醒。

问题是，我们如何能和这些力量及时联结呢？我们如何能与他们联结呢？我应该告诉你们吗？

排列：疾病

海灵格：现在我要继续和有问题的人一起来工作，有谁想来和我一起工作？

海灵格选了一个男人，让他坐在自己身边。

海灵格（对男人）：闭上眼睛。我给你一句话，我并不理解这句话，但它被给予了我，所以我说给你和你们所有人听。这句话是，"全都一样"。

过了一会儿。

海灵格：这是一句有未来的话，明白吗？

海灵格（对案主）：你的问题是什么？

案主：我有消化不良的问题。

海灵格（对大家）：这是有关疾病的议题，我想向你们展示如何处理疾病问题。我让一个人来代表疾病。根据规则，代表疾病的通常是女人。我会为此选一个女性代表。

海灵格选了一个女性代表疾病。她来到台前并站在那里。突然，她向上看，往后仰，几乎要到地了，好像有一个强烈的往后拉扯她的力量似的。同时她在原地转圈。

海灵格选了另一个女性代表并让她来到台上站在"疾病"的对面。这个女人也往上看，她也被往后拉，就像"疾病"一样。然后她跪倒并看向地面。

海灵格选了第三个女人并让她仰躺在这两个女人之间的地面上。第三个女人代表一个死去的女人。"死去的女人"对"疾病"

伸出一只手。"疾病"跪倒在地并转向"死去的女人"，同时另外那个女人转身离开了她。

海灵格（对大家）：这个疾病看着一个死人，一个另外那个人不看的死人。问题不在疾病这里。

海灵格（指向死去的女人）：问题在这里。

海灵格（对案主）：你也站到那里去。

案主站在第二个女人身后。但他无法移动。"疾病"已经被吸引去"死去的女人"的那里了，她的身体向"死去的女人"的方向倾。

海灵格（对代表们）：好吧，谢谢你们。

海灵格（对案主）：再次坐到这里来。我给你的那句话是什么？

案主：全都一样。

海灵格：是的，除了对疾病，死者的死对所有人来说都是一样的。我在这里停下。

海灵格（对大家）：现在我们来做一个冥想。

冥想：请你来吧！

闭上眼睛，感知我们的内在：我们哪里生病了？我们在抱怨什么？我们让自己的疾病和不满出现在面前然后等待，一直到疾病和不满开始移动。

它要移动去哪里呢？或者有谁在通过这个疾病移动呢？不满或者疾病想要将我们和谁联结呢？

然后我们对疾病说:"请你来吧!"

现在,你在我这里有了一个位置,现在我将你放在我的心里。

疾病以及它们更深的层面

我要说些有关疾病的东西。疾病总是想要和一个被排除的人在一起,比如说一个被送走的孩子。它通常是和一个死者,一个在我们家庭里没有位置的死者在一起。

现在我们看到我在这里所展示的处理方式,和我们通常对待疾病的方式是正好相反的。

当我们面对疾病,我们问的第一个问题是:我如何能摆脱疾病?这样的态度令疾病的根源加剧。这意味着我们想要摆脱某些东西:不仅仅是疾病,还有疾病正在看着的那个人。关于这个我已经写了一本书。这本书名为《疗愈》,也在捷克出版了。

我在书里所描述的解决方案是进行朝向母亲的移动。疾病与我们和母亲的关系相连。许多的疾病产生的原因是我们在朝向母亲的移动过程中出现了中断。当母亲在我们的内在有了位置,疾病便完成了其服务目标。

最近我观察到很多疾病想要去到父亲那里,因此疾病也在追寻被排除的父亲。

冥想:哪个疾病在等待我们的父亲

再次闭上你的眼睛,我们看着我们的不满和疾病,我们问自己:我们的哪个不满和疾病在等待我们的父亲。

所有吸烟的人都在想念他们的父亲，父亲在他们的生命中缺失了。

我找到了给吸烟者的解决方案：每吸一口烟，他们都在心里说，"亲爱的父亲，现在我将你放入心里"。

每抽一支都这样说，非常简单。

或者更粗鲁一点，他们每次抽烟都可以说："亲爱的父亲，宁愿是我而不是你。"

排列：一个抽烟的儿子

案主：我来自墨西哥，我很感恩主办方和你，让我有这样的机会来到这里。这里进行的一切对我和我的儿子来说都是奇迹。我儿子现在21岁了，他会抽烟，但我们家里没有人抽烟。

海灵格：我需要两个男人上来做代表。

海灵格给案主的丈夫选了一个代表，也给他们的儿子选了另一个代表。这两个人隔着一定距离面对面站着。"父亲"的身体往后倾。"儿子"转身离开"父亲"。

海灵格：这种情况我也会抽烟的。

海灵格（对案主）：现在你也站到那里去。

案主站在"儿子"的对面，"儿子"对她表现得很傲慢。"父亲"站到一边去了，他被案主和"儿子"忽略了。

海灵格（对案主）：告诉他，"父亲更好"。

案主和"儿子"纹丝不动。他们离"父亲"更远了。

海灵格选了一个人代表香烟。"香烟"和"儿子"充满爱意地拥抱。这两个人完全不在意案主和"父亲"。

海灵格：好吧，我们已经看到了一切。感谢所有的代表们。

案主：我该怎么做呢？

海灵格：你知道你真正对儿子说的是什么吗？你对他说，"为我而死"。

过了一会儿。

海灵格：现在闭上眼睛。你看着你的丈夫并在心里对他说，"请求你"。

过了一会儿。

海灵格：告诉你的丈夫、你儿子的父亲，"我会留下"。

又过了一会儿。

海灵格：活着！好吗？

你为我

我们刚才所看到的只是演戏。我想对此说更得多一点。总的来说家是一个"杀人"的社区。几乎在每个家庭里，都会有人在内心深处说——大部分是母亲对儿子，并且她甚至不知道自己在这么做——"为我去死。"

孩子回答："我为你。"即使母亲并没有这样说或者这样想，孩子也会立刻感知到：如果我死了，我就救了她。

我不知道我是否被允许说出这一切。所有的基督教都是建立在这两句话上面："你为我"和"我为你"。所有的圣人都会说："我为你。"这被称为完美的爱。没有比对朋友献出生命更伟大的爱了，这就是基督。数十亿的人已经这样说了并且仍然在说："我为你"。

那么上帝对他的儿子说了什么呢？他说："你为我。"

耶稣并没有通过他的受难拯救我们，也没有因此而拯救那个需要牺牲许多人的生命的上帝。那么孩子说了什么呢？"我为你"吗？这个孩子对上帝说了什么呢？这个孩子说："我是你的上帝和神。"还有比这更疯狂的吗？这就是基督教世界，一个"杀人"的社会。

这始于年幼的孩子。

好吧，我冒了一个很大的险，但我不在乎。

排列：糖果

海灵格（对一个女性案主）：现在轮到你了。坐到这里来。

案主：谢谢你让我来到这里。我来自斯洛文尼亚。我已经很久没有讲德语了，我希望你能听懂我说的话。当我们讨论抽烟的时候，我想：我丈夫不抽烟。但他在我们相识的头一年里很喜欢糖果。他在第一年吃了140公斤糖。现在不吃那么多了，但他仍然很喜欢糖果。他在15岁的时候失去了父亲。

海灵格：我来把这排列出来，然后我们就可以明白了。我会为你和你丈夫各选一个代表，因此我们需要有一个女人和一个男人。

海灵格选了两个代表上台。

海灵格（对代表）：面对面站着，现在看看会发生什么。

女代表显然在根据个人的冲动做动作，所以海灵格把她换了下来，让案主自己上场。

"丈夫"转身离开了。案主在他背后一定距离之外。他们都看向同一个方向。

海灵格选了另一个男人，让他来到台前。

海灵格（对男人）：你是他的父亲。

"丈夫的父亲"站在离"丈夫"一定距离之外。"丈夫"仍然与他保持距离。

海灵格：什么都不要说，完全信任移动。你跟着你的感觉移动。

过了一会儿，"丈夫的父亲"看向地面。案主向"丈夫"靠近。"丈夫"突然倒地，看上去像死了一样。"丈夫的父亲"继续看着他面前的地面。突然，"丈夫"大声尖叫，案主跪在他旁边轻抚他的背部。

海灵格（对案主）：看着你丈夫的父亲并对他说，"请求你，请求你，请求你"。

"丈夫"站起身来，很快地看了一眼案主，然后站在他"父亲"的对面。过了一会儿，案主站在了"丈夫"旁边。

"丈夫"慢慢地走向"父亲"，案主轻轻地将他推向"父亲"。两个男人握着彼此的手，然后怀着深深的爱拥抱。

海灵格：好吧。

案主：非常感谢你。

海灵格（对大家）：来自灵性的移动总是缓慢的。移动迅速的代表没有产生联结。他们是认为自己必须做点什么的心理治疗师。但看到这个会让人非常感动。

这是我们的第一天，不用鼓掌，我们平静地离开，给自己一个沉思的夜晚。

布拉迪斯拉发：第二天

这是2013年在布拉迪斯拉发进行的一个课程的案例：第二天。

爱

海灵格：早上好。我想说些有关爱的东西。爱联结着我们。通过爱，我们与许多人用一种特别的爱的方式相连。因此首先是与母亲的联结，这是自然的也是最深刻的。再也没有比与母亲的联结更深的联结了。我们在各个方面完全依赖于她，不仅仅是在她的子宫里，也在我们出生之后。在父亲的支持下，她用伟大的爱协助着我们。

然后就到了我们要和她分离的时候了。为了变得独立，我们必须和她分开。我们怀着爱或者拒绝与她分离。我们几乎所有人都有这种早期分离的体验。这种早期分离就如同濒死体验。没有母亲，我们感到被遗弃。然后孩子很愤怒，对母亲很愤怒，尤其是当这种分离在生命的头一年里发生的时候。那么这会有什么样的影响呢？当母亲回来的时候，我们不再靠近她，非常生气。你们还能跟上吗？你们也有这样的感受吗？

从这个时候开始我们就会用几个方式拒绝母亲。当她来到我们面前时，我们往后退。问题在于：我们还能够跨越这一点吗？

伊琳娜·普雷科普的拥抱疗法

海灵格：有一个来自斯洛伐克的著名的女人，伊琳娜·普雷科普。我从她那里学到了很多。她一直在很多国家传播和展示拥抱疗法。

母亲可以为对她感到愤怒的孩子做这个。她紧紧抱着这个孩子，不要弄伤他或她。孩子会用力挣扎，但是母亲要和父亲一起紧紧地拥抱着这个孩子。父母常常会因为害怕弄伤孩子而放弃紧紧拥抱孩子。这对孩子不好。

我给你们举个例子。我曾在日本有个课程，一个男人想要和我一起工作。他曾有自杀倾向，最后他没事了。然后他说想要把他的小儿子介绍给我。第二天他带着他的小儿子来了。这个儿子大约五岁。在人群中跑来跑去，打他的父亲，用拳头捶别人。你有和这样的孩子相处的经历吗？有？

我不介意。我立刻看到这个儿子有早期分离的经历。

然后我抱着他。我把他叫过来，将他放在我的膝盖上，让他的背靠着我，然后我紧紧地抱住他。他挣扎着尖叫。我让他的父母过来帮忙抱着他。然后母亲抱着他的头，这样他就不能动了。是的，他接着尖叫了又尖叫。我就那样抱着他抱了大约有20分钟。然后就到了我要吃午饭的时间了。我告诉他的父母如何拥抱他，然后把男孩交给了他的父亲。父亲用肚子贴着肚子抱着他。儿子朝父亲脸上吐口水，然后母亲帮他擦掉。我告诉他们，这个拥抱的工作至少要持续一个小时。然后我就去吃饭了。我知道孩子在最合适的人手里。

一个小时后，我回来了。男孩在母亲的怀里睡着了。如果我没有从伊琳娜·普雷科普那里学到这个的话，我是不敢这样做的。但这就是一个关于如何能帮助这样的孩子的一个例子。

然后我继续课程，这对父母就这样抱着孩子又过了一个小时。然后他们离开了，这个孩子对我挥手告别。因此，有时候幸福需要来自父母的力量和勇气。

拥抱疗法对成人的应用

海灵格：我已经很多次应用拥抱疗法，也对成人使用。我在美国体验了近一年的初级治疗。对，我也曾经是一个案主，每天撕心裂肺地尖叫。

然后我意识到，这不是一个可以推荐给每个人的疗法，但无论如何我还是要推荐给那些可以确定有过早期分离问题的人。这些人都是成人。我将他或她搂在怀里。我经常需要其他人的帮助，这样我才不至于受伤。在这个工作中我曾几次弄断肋骨。所以，这并不容易，必须要小心。我坚定地抱住案主，紧紧地抱住。然后过了一会儿案主就想移动，想要从我这里挣脱。但只有一个方式，我和达纳来展示这个，可以吗？

海灵格把一只胳膊绕在达纳的脖子上。

海灵格：她开始移动，然后我必须放手。我的肋骨已经开始面临破碎的危险。但只有一种方法，她必须挣扎着往前，只能往前。这可能会需要很长的时间。这是在重现出生的情景。

这种紧紧地封闭和解脱就是出生的过程。然后我将案主搂在怀里，就像母亲将其搂在怀里。或者我将案主交给一个了解这种方法的人，能够抱住案主的人。但是现在是怀着爱的。我还应该告诉你们更多吗？不要被吓到！

早期创伤与解决方案

然后我和案主做了一个练习，这是我从NLP（神经语言程序疗法）中学到的方法。我对这个人说："现在你想象你从出生开始，慢慢地，在你这个年纪向上走。"突然这个人开始身不由己地移动。这意味着这里有一个创伤。我告诉这个人保持这个移动，同时紧紧地抱住这个人。然后这个人可能会再次开始移动，根据他的经历以及所发生的事情，然后他会突然安静下来。这样我就和他或她一起战胜了一个早期创伤。

我担心我讲得太多了。我想这些都是生命中最基本的事情，是一些你可以从中学到很多的事情。在NLP中有一种方法可以帮助人存储特定的感觉。我对这个案主展示了这个。我让她想象一件美好的事情。当我看着她的脸时，我就知道她找到这样一件事了。我用按住她身体上的一个地方（比如她的手），将这感觉存储起来。当我再次按住这个地方，这个美好的感觉就又回来了。它被存储起来了，我们可以存储感觉。

不好的感觉也是这样。我让她想象一件糟糕的事情，我通过按压另一个点来存储这个感觉。当我再次按压这个点时，这个糟糕的感觉就又来了。

当我同时按压这两个分别代表好的感觉和坏的感觉的点，那么冲突就必然在这两者之间出现。然后坏的感觉就被好的感觉所覆盖了。这就被称为"瓦解心锚"。这个冲突最后通过一个心锚的瓦解而达到双面平衡。

当我拥抱某人的时候我也做同样的事情。我就像一个母亲抱着她的孩子那样抱着那个人，没有比这更有爱的感觉了。这个感觉被存储了下来。在人生的旅途里，人们曾有过创伤的经历，他们也会在之后的某一天里重新经历这个情境。但拥抱会让积极的情绪也同时存在。两种感受在几分钟内重新达到平衡。案主就会突然平静下来。然后这个早期的创伤就解决了。

然后我对这个人说：继续往前。当这个人再次变得不安，我再问：你现在的年龄有多大了？然后我再重复同样的事情。这个人会继续有坏的感觉但同时又被安全地紧拥着。这个过程继续按步骤前进，但不超过18岁。然后早期的深层创伤就被清除了。

我为什么要说这些？很多和我在这里一起工作的人的创伤都

被解决了。有另一些人却不能用同样的方式获得解决，因为他或她在早期和母亲曾有过分离。我必须和这些人用不同的方式工作。我必须紧紧地抱着他们，使用拥抱疗法。现在我明白我为什么要说这些了。

有时候我们必须超越家族系统排列。家族系统排列本身有时候是不够的。也许我也可以在这个课程里展示其他的治疗模式。

冥想：回到母亲的家

现在闭上眼睛。

我们回到童年，回到那个我们感到被抛弃的时间点。

在我们的内在，我们突然转身离开了母亲。

我们允许自己进入这种感觉，去感知这种感觉后来是如何继续的，是如何在我们后来的关系中继续的。

我们静静地站立着，而不是走向某人，我们甚至转身离开。

现在我们回到最初的事件中，我们看到自己和母亲相对而立，母亲想要走向我们。

我们看着她的眼睛，我们记起从前，我们曾经和她有过的温柔的联结，比如说在她的胸前。

我们以非常微小的步伐迈向她，尽管害怕，尽管有内在的抗拒。

然后，当我们积攒了足够的力量，我们再朝她迈出下一个微小的步伐。

然后另一小步，再一步。

我们给自己足够的时间，直到我们到达，重新回到母亲的怀抱。

我们终于再次和母亲在一起。

你们现在感觉如何？放松地呼吸，深深地放松。

反馈和提问

现在我们回到家族系统排列。有人想对昨天所发生的说些什么吗？或者想要问些问题？

母亲的难产

第一个案主：你提到了和母亲的分离。难产又会怎样呢？如果母亲曾难产过呢？

海灵格：难产是一件关乎生死的事情。闭上眼睛并想象："亲爱的母亲，你为我冒了如此大的风险，我甚至以如此大的代价来从你这里获得生命，感谢你。我会珍惜我的生命，我会用我的生命来做些事情，并且你也可以分享我生命中美好的事情。那些辛苦不会白费。我会将此传递下去，让你感到荣耀。我也会活下去。亲爱的妈妈，拥有你是如此幸运的事情。"

案主：感谢你。

海灵格：你怎么样？我把你带到你母亲那儿了吗？多么幸福啊！

白色的光

第二个案主：昨天你建议我们看向未来。我这样做的时候，突然什么也没有了，我的未来只是一个白色的洞。

海灵格：是一束白色的光。

案主：我感觉到洞的背后有白色的移动着的光，但在我心里很害怕，我心里有许多恐惧和许多爱。昨天下午我一直在想一句话，"我患癌症都是你的错"。我有好几次都听到了这句话。我的问题是……

海灵格：等一下。告诉我这个人是你的母亲，还是你的父亲？

案主：我的父亲。

海灵格：对你的父亲说，"我站在你的身后"。我在这里停下，有些美好的东西在你的内在发生了。

案主：谢谢你。

冥想：另一个空间

海灵格：闭上你的眼睛。

我们进入一个让自己感到愧疚的情境中，在那里其他人也许会对我们说，"这是你的错"。

现在我们站到他们的身后，并和他们一起看向远方的光。然后我们保持渺小。

你现在怎么样了？又是另一扇通往另一个空间的门。

眼镜

海灵格：把眼镜摘下来。眼镜阻挡了通往天堂的道路。

第三个案主：在昨天的排列中，当儿子靠近父亲的瞬间，我突然感觉到了什么，就好像我失去了意识一样。然后我想逃跑。后来我就一直在想这件事。

海灵格：告诉你的儿子，"对你的幸福和我的幸福而言，你父亲都是那个合适的人"。那样可以吗？

案主：可能是，可能是。

海灵格：她为何说可能是？因为她戴着眼镜。我也戴了很长时间的眼镜。但我再也不需要它了。没有眼镜，我看其他的事情看得更清楚了。

排列：文身

第四个案主：我很高兴昨天能证明我错了。这和我的问题有关。我怎样才能为未来做得更多，付出更多，服务更多，更有创造力？另一方面，我可能期望太高，对自己的生活和所得到的东西没有足够的谦卑。在我们家里，不满意的话题很重要，我有种感觉，我必须赢得我的位置。

海灵格：我需要一个女人。

海灵格选了一个女人并让她来到台上。

海灵格（对女人）：就站在这里。这个案主有一个文身。一个文身代表一个被排除的人。你是那个文身。现在我们来看会发生什么。你可以按照你感觉对的方式移动。

"文身"从台上的一边去到了另一边并看向地面。

海灵格（对案主）：你知道文身意味着什么吗？站在她的面前。

案主站在"文身"的面前。"文身"挽着她的胳膊，然后转过身看向地面。案主很快跟着她，想再次站在她的面前。

海灵格（对案主）：慢一点，没有任何的意图，发自内心去移动。

"文身"从她身边转身离开，她紧紧交叉双臂。

海灵格：我们还需要另一个人。

他选了一个女人，让她仰面躺在地上，躺在"文身"的面前。

过了一会儿，"文身"缓缓地朝地上的女人走去，她跪在她脚边，把手放在她脚上。

过了一会儿，案主蹲在离"文身"旁边，与她隔着一点距离。

海灵格（对案主）：去死者那里，把你的文身放在她嘴上。

案主照做了。她转向地上的女人，将有文身的胳膊放在她嘴上。过了一会儿，地上的女人闭上了眼睛。

海灵格（对大家）：这是一个疗愈的移动。死者已经闭上眼睛。现在一切都好了。好的，谢谢大家。

海灵格（对案主）：保留文身来纪念她。

案主：我可以问你些东西吗？

海灵格：不可以。好的，祝福你。

海灵格（对大家）：你们怎么样？很奇怪，所有的事情都来自提问。

排列：太晚了

海灵格：我建议我们现在开始排列。这里有人有特别的议题并正在寻找帮助吗？

海灵格选了一个女人。

海灵格（对大家）：我允许自己被引领，然后我会得到一个关于选谁的提示。这个提示去她那儿了。但我对她一无所知，我不认识她。让我们一起感到惊讶吧。

海灵格（对案主）：闭上眼睛。

过了一会儿。

海灵格：一个句子来了，是很短的一句话，我不知道这是什么意思。你们也可以在内心说这句话，然后看它产生的影响。这个句子是："太晚了"。

海灵格（对案主）：闭上眼睛，让它发生作用。

海灵格：现在我需要一个人来代表案主。

他选了一个女人并让她上台来。

海灵格：站到这里来，看向另一个方向。允许自己被内在的移动指引。

女人站在那里，一动不动。

海灵格选了一个男人，让他站在她对面。他站在她面前，一直不动。女人有些不安。

过了一会儿，海灵格选了一个女人并让她站在"案主"的对面。

女人站在离"案主"有一定距离的地方。"案主"也一直保持不动。只有男人看着地面，他慢慢跪下来。第二个女人转过身去，很快从他身边离开，往后退。然后她慢慢往后退向男人，同时一直看着"案主"。然后她仰面躺在男人的面前。

"案主"以非常小的步伐从旁边朝案主移过去，和她并排站着。她不安地移动，然后流下眼泪，小步朝男人走去。男人朝她看，仍然跪着。"案主"开始大声哭泣，她慢慢地朝地上的女人走去。

海灵格（对案主）：在那里找一个合适的位置和他们站在一起。

案主一动不动地站在地上的女人前面，同时她的代表从她身边往后退。

过了一会儿，案主对她的代表伸出手。代表一动不动，然后她仰面躺在地上。案主自己一动不动。

海灵格：好吧，我在这里停下。

案主在他身边坐下，大声哭泣。

海灵格：这太晚了。

过了一会儿。

海灵格：感谢代表们。

海灵格（对大家）：你们很多人都很熟悉家族系统排列。现在如果他们表现得如同其他的家族排列一样，比如说，如果他们解释这里发生的一切，问案主或者某个代表他们怎么样了，我可以向你们展示会有什么样的结果吗？

海灵格用力地跺脚。

海灵格：这就是影响。那会毁了一切。我把你带向的那个空间里，没有问题，只有结果。如果有些东西通过排列呈现，超越你的理解，那么就需要我们去敬畏和沉默。只有这样那个更伟大的力量才会来到面前。对于这样的力量而言，永远不会太晚。好吧，我在这里停下。

海灵格（对案主）：祝福你。

冥想：谦卑

海灵格：

现在请感知你的内在，如果你想要根据自己的意图帮忙的话。

在这个意义上，你实际上是在内在对案主说："我是你的神"。

然后我们假设我们可以干预他人的生命，就好像我们有权利这么做一样。

闭上眼睛。我们看着自己。看着我们的工作，我们的"想要帮助"。

如果我们看到我们所做的一切，我们会感到悲伤。我们回到地球，就像其他人那样。

然而，没有愧疚。

我们只是许多人中的一个，许多地上的人之一。

我们感觉到心灵的作用，另一种谦卑，一种爱的谦卑。

对那而言，永远不会太晚。

灵性家族系统排列

我想说些有关灵性家族系统排列的东西。我在这里所展示的一切，比如在上一个家族系统排列中，我让自己去了另一个层面，我收到了一个来自别处的讯息。在这里，当一个女人来到这里，我对她的问题一无所知，对我该做什么，需要做什么，一无所知。我不看她。我在自己的内在，她也可以在她的内在。然后我等待一个提示，告诉我可以做什么，必须做什么。然后这种句子就来了："太晚了"。那意味着什么我并不知道，但它会起作用。因为那来自另一种意识，它远远超越了个人。那是一个对我们每个人说的句子，也是给我的。如果我们这样看待，它来自另一个地方，我们仅仅需要对这句话敞开自己，不需要问那意味着什么。

这样的句子就像闪电，它来自蓝天。如果我们问它来自何处，我们什么也得不到。它会在某些地方触动我们，那就够了。所以，这是开头。

然后我选一个代表她的人。这个人也一无所知，像我一样什么也不知道。她在那个时刻也被其他地方的力量所引领，无法抗拒地被引领。但我们可以看到，她往后退了。这对我是一个提示，有个人必须放在她退缩的地方，不管那是谁。

然后我知道一定是一个男人：我在完全不知道那是谁的情况下这样做了，也不去想象他可能是谁。

过了一会儿我有了一个提示：一定有个女人。

我放了一个女人在那里。但她往后退，躺到地上去了。在男人和女人之间有某种移动。有些已经太晚了的东西被解决了。这两个人走向对方。然后我可以看到案主发生了什么。她感动了，然而她什么也没有说。

然后我收到另一个提示。我必须将她放进排列。现在她被双重代表：被她自己和一个代表她的人代表。这也是一个紧密的联结。那么现在在这个女性代表这里，有些重要的东西在进行。她躺到地上去了。她一直躺在地上，当我中止排列的时候，她仍然躺在那里。这也是必要的。

我不知道那里发生了什么，但那确实有用。因此不只是我一个人，每一个代表，当然还有案主自己都是媒介。这个案主也被其他地方的力量所引领，到达一个特定的点。

那是解决方案吗？不是，没有解决方案，但那是一个对我们所有人的启示。

这个启示做了某些工作，一些出乎意料的、来自他处的工作。然后排列必须中止，这样所展示的东西才能起作用。而且这会在很长一段时间内起作用。

对我而言，工作已经结束了。我是被指引的，那些参与者们也是。

现在把这种排列与通常的排列做个比较。我们在通常的排列中破坏了什么呢？但我们已经尽我们所能去应用了。那也是根据我们的感觉、观点、想法以及臆测去应用的。我们需要后悔吗？不，它起作用了，尽管只是在一瞬间起作用。

当我们体验到灵性家族系统排列能够起到的作用和意义，事情就会变得非常不同。如果我们回到我们曾经了解的家族系统排列，我们就会愧疚。这个灵性家族系统排列没有回头路。

但这个在这里工作的力量并没有对任何人生气。他们没有对我们的案主生气，我们已经尽我们所能和案主们一起工作了。这个力量也不会对我们生气。新的不会对旧的生气。

在这里，同样的，我们信任更伟大的力量。

当我今天早上坐在这里，我不知道我该做些什么，说些什么，根本不知道。当我张开嘴的时候我才知道我要说什么。因此家族系统排列是没有准备工作的。我们会突然被引领。突然从另一个地方被引领是一个美妙的体验。然后天堂来到了地球，它留驻在地球。

好吧，这就是我想说的。你也可以有不同的感觉，允许自己被不同的方式所引领。

反馈和提问（一）

我们还有一刻钟，我要给你们一些反馈和提问的时间。

排列：一个地方的未来

海灵格（对案主）：我有一个奇怪的句子要给你。这个句子来自一首歌，句子是，"哦，我这么晚才认出你"。

闭上眼睛，让这句话立刻为你工作。一个孩子总是会立刻做出反应。好吧，你的问题是什么？

海灵格（对大家）：当然。她已经问了问题了。她想知道一个城镇或一所房子的未来。这是一个有历史的地方。这个地方死了很

我们这个时代的教育

多人。我会把这个排列出来。

海灵格选了一个女人代表这个地方。女人来到台前。

海灵格（对女人）：跟着你的感觉移动。

"地方"把双手放在背后开始转圈，然后她扣好她原本敞开的衣服，就好像她很冷似的。她小步往前移动，然后看着地面。

海灵格：这个地方感到很冷。

海灵格（对案主）：站到那里去！

案主在"地方"的面前，与她隔着一定距离。过了一会儿，海灵格让案主往后退，直到她退到了舞台的边缘。

海灵格：退到你想要后退的最远。

案主：这样就够了。

海灵格：现在你转过身去。

案主转过身往前看。"地方"跪了下来并深深的鞠躬。

海灵格：我们必须离开某些地方。他们属于上帝。

过了一会儿。

海灵格：好了。

海灵格（对案主）：你现在感觉怎么样？

案主：沉重。我可以不再去那里了吗？

海灵格：我什么也不说。我已经看到什么阻碍了未来，什么没有阻碍。祝福你。

排列：幸福

第二个案主：我的问题是我想要和我父亲的关系走得更近

一点。

海灵格：和你的父亲？

案主：是的，和我的父亲。

海灵格：很好。我为此感到高兴。这个发生作用的地方，是一个非常伟大且丰饶的地方。我通过自己的经历了解到这一点。但这不仅仅关于父亲。

我需要一个男人代表父亲。是的，我选你，后面那个，这样那些最后面的人也能有机会。站在那里。我需要一个女人，我选你。你是母亲。

两个代表面对面站着，中间隔着很远的距离。

海灵格：现在我们来看看会发生什么。

"父亲"看着地面并把身体转到一边。

海灵格（对案主）：你也去那里。

案主站在"父亲"和"母亲"中间，离"父亲"比较远，离"母亲"比较近。现在他们组成了一个三角形。

"母亲"转向了案主。"父亲"从侧面走近了案主。案主离"父亲"越远，"父亲"越往前靠近。"父亲"站到了案主对面。"母亲"站在离"父亲"几步远的后面。

海灵格（对案主）：告诉父亲，"我在这里是小的"。

案主：我在这里是小的。

案主从"父亲"身边往后退。当案主想要靠近"母亲"的时候，"父亲"反复站到他们的中间。

海灵格：对母亲说，"父亲可以做得更好"。

过了一会儿。

海灵格：好的，就这样，结束了。谢谢你们。

海灵格（对案主）：你感觉怎么样？

案主：我感到害怕，感到紧张。当我还是个孩子的时候我在他身边就感到不舒服，无法放松。

海灵格（对大家）：他是母亲的儿子，不是父亲的儿子。母亲夹在了中间。母亲的儿子无法有伴侣关系。他们已经有了一个妻子。我们为什么还要一个呢？

海灵格（对案主）：再次站到那里去。

海灵格（对父亲）：再次到这里来，站到案主身后。然后我需要一个女人，一个年轻漂亮的女人。

他选了一个女人，并让她站在案主面前。

她站在离他大约四米远的地方。案主想往后退。

海灵格（对案主）：往前走，走一小步。

案主往前走了一小步。"父亲"在他身后紧随其步伐。"母亲"大步朝他走去。

海灵格（对案主）：她很迷人，不是吗？她吸引你去另一个未来，一个男人的未来。

这两个年轻人离彼此更近了一些，一步一步走向对方，然后轻轻拥抱。

海灵格（对父亲）：在他身后对他说，"现在你是我儿子了"。

海灵格（对大家）：多幸福！

大家大声地笑。

海灵格：我们在幸福中结束今天早上的课程。不要鼓掌。每个人都和自己的幸福在一起，我也是。

反馈和提问（二）

现在我又准备好了和你们一起来工作。我以反馈和提问开始。

有谁想来？虽然我只选了一个人，但我同时也选了所有人，所有人都会被引领。

排列：失去的孪生同胞

海灵格（对女人）：你的问题是什么？

第一个案主：我有个问题。你提到拥抱疗法。我的其中一个女儿，在她妹妹出生后，我害怕了一个星期。

海灵格：闭上眼睛在内在对女儿说，"你永远是第一个"。你感觉怎么样？

案主：感觉有问题，因为她是第三个女儿。

海灵格：你一共有几个孩子？

案主：我有五个女儿。

海灵格：五个女儿，多好啊！那么这个女儿是第几个？

案主：第三个。

海灵格：我需要五个女人来代表这五个女儿。

海灵格选了五个女人来代表五个女儿。并让代表们根据年龄顺序并排站着。

海灵格（对案主）：好，坐在那里。

海灵格（对代表）：你们根据内在的感觉移动。

"第二个女儿"往前走了一步然后跪下了。"第一个女儿"也跪下了。"第三个女儿"往旁边倾斜。

海灵格选了另一个女人当代表并让她躺在"女儿们"面前，仰面朝上躺着，代表死去的女人。

"第二个女儿"去了"死去的女人"那里，并和她一起躺下。"第四个女儿"感到不安并转圈。其他"女儿"也躺下了。

海灵格（对案主）：还有吗？

案主：我只有五个女儿。

海灵格：从这里看，你有六个。我要对呈现出来的事情做出回应。我还需要另一个女人。

海灵格选了第七个女性代表。

海灵格（对代表）：你加入他们，跟随你的感觉移动。

代表慢慢地走向"女儿们"。第一个和第三个"女儿"站起来。"第一个女儿"去了新代表那里。新代表去了"死去的女人"那里，并跪在她面前。"第一个女儿"站在"死去的女人"后面。

海灵格（对案主）：现在你也站到那里去。

过了一会儿，海灵格选了另一个代表并让她站在案主的前面，看着她。

海灵格（对代表）：你是她的孪生同胞。

这个代表慢慢走向案主。她将手臂绕着她，然后温柔地拥抱她。同时,"女儿们"有了很多的移动。

海灵格:她们突然感觉很好,也有人找到了孪生同胞。

案主的"孪生同胞"站在她旁边,她们都看着"女儿们"。

案主的"孪生同胞"去了"死去的女人"那里,把一只手放在她身上,她对案主伸出了另一只手,并把她拉向"第一个女儿",她拥抱了这个"女儿"。

然后她拉着案主去了"第三个女儿"那里,并轻柔地拥抱这个女儿。案主跟着她,和她手拉着手。

现在第四个和第五个"女儿"也去了案主的"孪生同胞"那里。所有人都怀着爱拥抱在一起。

海灵格(对案主):对你的孪生同胞说,"我们的孩子"。

案主:我们的孩子。

"第三个女儿"也跪在她们面前。所有人都和其他人一起合二为一。案主和"孪生同胞"仍然拥抱在一起。

"孪生同胞"对第七个代表伸出她的手,也想将她带进来。

海灵格:好了。

代表们回到他们的座位上。

海灵格(对大家):没有人丢失了。

练习:合适的位置

海灵格:只有很少的人知道他们合适的位置在哪里。几乎所有人都站在错误的位置上,站在一个会带来困难的错误位置上。

我来和你一起做个练习,一个非常简单的练习。你知道你在家里被分配的位置。无论是第一个，第二个，还是第三个。我在家里是第二的位置。但我的正确位置是第五。我们的身体知道正确的位置在哪里，我来和你们一起做个简单的练习。这样你就知道你的位置在哪里，或者现在的位置是什么。

闭上眼睛。当你们准备好了，我从1数到20。然后你在心里感觉，感觉哪个数字最好，感觉数到哪个数字的时候你到了你合适的位置，可以吗？

好的。现在闭上眼睛，我来慢慢地数数：1，2，3，4，5，6，7，8，9，10，11，12，13，14，15，16，17，18，19，20。

你感觉到不同了吗？在你通常的习惯数字和其他数字之间有感觉到不同吗？

展示：母亲和她的孪生同胞

海灵格：我们很多人都是双胞胎，自己却不知道。这是一对自然流产或在子宫内死亡的双胞胎。但是这个孪生兄弟在那里，在心灵里，这个孪生兄弟完全在那里。我来演示一下。

海灵格让代表孪生同胞的代表回到台上，并让案主和她的"孪生同胞"面对面站着。

"孪生同胞"张开双臂，慢慢朝案主走去。案主一动不动，她也尝试了一下朝她的"孪生同胞"伸出手，但又垂下了双臂。"孪生同胞"走到了案主面前，将手放在了她的肩膀上，握着她的双手把她拉过来。她们温柔地拥抱了许久。然后，她们看了看彼此的眼睛，继续拥抱。

海灵格：这是怎样的财富！

她们慢慢地分开。

海灵格：好了。

她们两个人都很开心。

排列：现在我往后退

海灵格：现在我来做一个普通的排列。有谁想来和我一起工作？谁有议题？

海灵格选了一个男人并让他坐在他身边。

海灵格：闭上眼睛并在心里对某个人说……

海灵格（对大家）：你们也可以对某个人这样说，这句话是，"我往后退"。

过了一会儿。

海灵格：现在我在这句话里再加点的东西。我现在把完整的句子说出来，"我从我的良知那里往后退"。

海灵格（对大家）：这样说你们感觉怎样？

案主：奇怪，但这句话可能是对的。

海灵格：这是另一个维度。站到那里去。

案主去了海灵格让他站的地方。

海灵格：我需要一个女人做代表。

海灵格选了一个女人并让她站到案主的对面。女人小步从案主身边转身离开。

海灵格（对案主）：去舞台的边缘，往后退。你甚至可以离开舞台。退得更远些。

海灵格（对大家）：他越来越开心了。

海灵格（对案主）：你知道这个女人是谁吗？她是你的良知。

过了一会儿。

海灵格（对大家）：闭上眼睛。你们也可以做这个练习，并从你们的良知那里往后撤离。

海灵格（对良知）：良知感觉如何？

良知：我不在意。

过了一会儿。

海灵格：良知现在怎么样了？

良知：我感觉很好，感觉很完美。圆满了，完整了。

海灵格：好的，谢谢你们所有人。

另一个种爱

海灵格（对大家）：我会简要地给你们讲一个关于我的良知的故事，一个我曾经有过的启悟的火花。

但这个启悟并非来自我，而是来自一个加拿大人。他是一个原住民领袖。我们和彼此有了很好的联结。我拜访了他，然后他告诉我一些重要的东西。他说："在我们的语言里没有正义这个词。"然后我问他："那如果有人杀了另一个人你们会怎么做？"他说："我们会怎么做？如果没有正义这个词我们还能做什么呢？我们会觉得需要把那个人杀了吗？如果没有正义这个词我们可以这样做吗？"然后我问他："你们对杀了人的人怎么处置？没有正义，没有良知？"他说："他会被受害者的家庭收养。"

这意味着没有良知，却绝非意味着无情。我在这里向你们展示的，正是完全没有良知、没有报仇的义务。

冥想：没有良知

海灵格：

现在闭上眼睛，我们想象某人用某种方式伤害了我们。

然后我们面对这个人，在没有良知的情况下面对。

同样的，我们也伤害了某人，他或她看着我们，同样没有良知。

会发生什么呢？

我们可以想象在伴侣关系里，当我们想用正义来回应，想用正义来弥补、报仇或者指责的时候，我们就保持没有良知的状态。

然后我们发现自己在哪里呢？

在地上的天堂里。

正义会在哪里结束呢？

总是在同样的地方。

在地狱。

明白了吗？

问题

海灵格：现在我们来继续。这里有很多我们曾经历过的不同寻常的事情。还有问题吗？

坟墓

第一个案主：我有个关于昨天的问题。我看到了我未来的坟墓。

海灵格：我会认真对待这个问题。闭上眼睛，看着坟墓并对某人说，"你可以留在那里"。

过了一会儿。

案主：我感到好些了。现在我面前有光，在我的面前是一束光。

海灵格：换些有色彩的衣服吧。祝福你。

关注

第二个案主：在关于兄弟姐妹序位的练习工作中，我发生了很大的混乱。我无法关注任何其他的事情。

海灵格：我不做，我在这里打住。我看到一个奇怪的画面。在很远的地方，很远的过去，有人从他的坟墓里探出头来。明白吗？这是一个没有提问的答案。

排列：伴侣关系

海灵格：我准备好做排列了。我可以选择和某个伴侣关系有问题的人一起来工作。或者我可以选择一对想要看看他们的伴侣关系怎么样的夫妇。或者我可以处理一些有关小孩的问题。

一对伴侣举手了，他们坐到了海灵格旁边。

海灵格（对大家）：关于伴侣关系我总是会问些问题，但我只是问外在的问题，不会问私人的问题。我尊重伴侣关系的伟大，并不想知道任何有关他们亲密联结的事情。我问的永远是外在的事情。

海灵格（对伴侣）：你们当中有人曾经有过前任吗？

女性：有过。

海灵格：有几个？

女人：两个。

海灵格：男人呢？

男人：没有。

海灵格：以前没有，好的。这是一个重要的问题。第二个问题是：你们有孩子吗？

女人：没有，没有孩子。

海灵格：以前的关系里也没有吗？

女人：没有。

海灵格：这是我需要的信息。你们在一起多少年了？

女人：23年。

海灵格：23年？你们一起那么久了？真好，这需要力量。我不会问你的议题是什么。通过排列就会显现出来。我这样处理可以吗？

海灵格（对大家）：我总是保护伴侣关系不被好奇心所打扰。问题是，我现在如何开始呢？我从女人开始。我选出一个女性代表，代表这个女人。有谁想来？

海灵格选了一个女人并让她来到台前。

海灵格（对代表）：站到那里并看着这个方向。当你感到被引领的时候你允许自己被引领，没有意图。

女人的代表往前走了一步，然后又后退一步，然后她看着地面。

海灵格选了另一个女人，并让她仰面躺在地上。女人的代表往后退，一直退到舞台的边缘，几乎要摔下去了。海灵格让一个参会者站到了她的背后，这样她不至于摔倒下去。

海灵格：现在我要加入一个男人。

海灵格选了一个男人上台。

海灵格（对男人）：和其他人站到一起，站到你感觉对的地方。

男人的代表站到了另一边，和女人的代表面对面。"死去的女人"躺在他们之间。男人往后退，并看着地面。

海灵格（对案主）：有多少死人需要躺在这里？

女案主：7个。

海灵格选了7个人并让他们和第一个"死去的女人"躺在

一起。

男人的代表也躺在了"死人"中间。

过了一会儿,海灵格让女案主自己也躺在"死人"的中间。她在他们中间找到了一个位置躺下。女人的代表再次双手抓住了自己的喉咙。

海灵格:上帝爱着在座的所有人。

女人的代表去到男案主那里并站在他面前。

海灵格(对男人的代表):现在你也站到那里去。

男人的代表站在了"死人"的对面,他看着女人的代表,只是看着她。过了一会儿,女人的代表站起来,小步朝男人的代表走去,然后站到了他旁边。

海灵格:我想我可以在这里停下了。谢谢所有的代表。

女人和男人又坐到了海灵格旁边。

海灵格(对女人):你现在感觉怎么样?

女人:很难说。我很惊讶。我尊重这里所发生的。

海灵格:这样就可以了。你心灵里的某些东西已经开始移动了。

海灵格(对男人):你怎么样?

男人:我一直都感觉她会到我这里来。

海灵格:她终于来了。好吧,祝福你们。

所有的关系都是多重的

海灵格(对大家):这里没有伴侣关系。我可以在这里看到,在男人和女人的故事里，还有许多属于这里的人需要被包括进来。

一夫一妻的想法是荒唐的，因为它根本不存在。很多人都属于那里，所有人都有其位置。然后我们对伴侣的期待，我们强加于他们的需求，全都减少了。生命变得更伟大了，从每一个方面来说都变得更伟大。因为以前的世代也在我们的伴侣关系中扮演了角色。从这个意义上而言，没有一种纯一的关系。每一种关系都是多重的，也许这样是必须的。

你们对此有任何提问吗？

排列：可能的孩子

案主：亲爱的海灵格，我和我的丈夫已经结婚4年了，但在一起有8年了。我一直希望我们能有个孩子。现在有孩子这件事变得不可能了，我感觉到丈夫和我之间的距离，因为已经不再可能有孩子了，就好像我们之间的爱已经分开了。我们曾经是一起的，现在就好像我们已经分开了，好像有东西阻挡在我们之间。

海灵格：我会把这个排列出来。所以我需要一个男人和一个女人。

海灵格选了一个男人和一个女人代表这对伴侣，还选了一个人代表这个可能到来的孩子。他让这对"伴侣"隔着一段距离，面对面站着。孩子的代表站在两个人之间。

过了一会儿，"丈夫"朝"妻子"走了几小步。"妻子"很不安，也朝"丈夫"走了几小步。

"孩子"看着地面并有些往后退。

海灵格（对大家）：有人在看孩子吗？有人期待孩子吗？没有人！孩子一定害怕这个妻子，她没有爱。

海灵格（对孩子）：现在你转身离开。

"孩子"转过身去。

海灵格（对孩子）：你在这里感觉如何？

孩子：就像我并不在那里，我看着别处。

海灵格：你并不在这里，这是真的。

海灵格（对案主）：好吧，我已经展示出来了。清楚吗？

案主：是的。我想我会好的。谢谢！

海灵格（对大家）：孩子们在等待可以到来的许可。他们知道他们是否被允许到来，也知道父母是否是合适的父母。

想象一下，父母试图想要一个孩子，即使他们无法生育孩子。他们想要从别的地方得到一个。比如通过领养或者通过人工试管婴儿。

孩子得到尊重了吗？谁为了谁呢？是父母为了孩子，还是孩子为了父母？这有着深远的影响。我们需要承认这些。当一对夫妇被限制时，无论在什么情况下，他们都是同意这些限制的。

冥想：一个谦逊的未来

海灵格：

我们还有几分钟。我来和你们一起做个冥想。

闭上眼睛。现在将我们自己暴露在我们今天所看到的情境中。我们从有关对错的特定想法里解脱出来，从幸福与不幸的想法里解脱出来。

然后我们去感受：内在的移动朝向另一个未来去了哪里？去了谦逊的未来吗？还是去了谦逊的爱？

突然，我们体验到自己双脚着地。

在那里，在地上，我们等待一个提示，一个朝向下一步的提示。

通过下一步我们将过去的某些东西留在身后。

然后我们体验到另一个光芒，另一个空间。

我们只走一步，那对现在来说已经够了。

然后我们看着我们的伴侣，一个现在或者过去的伴侣，对他或她说，"你的脚步是合适的，我让你自己迈步，怀着爱"。

好了，今天就在这里结束了。现在我们平静从容地离开会场，明天早上见。

布拉迪斯拉发：第三天

这是2013年在布拉迪斯拉发进行的一个课程的案例：第三天。

空性

海灵格：有一种内在的回忆，它是对某些空性的东西敞开的。所有重要的东西都在黑暗之中。所有看起来光明的东西，比如科学、洞见或者技术，它们都源于黑暗。但光明仅仅是一时的，它们很快会再次沉入黑暗。

我在这里所展示灵性家族系统排列工作，就在当下立刻从黑暗中显现。因此所有我们自认为了解而去应用的一切，都不在光明之中。光明无法被掌握和定义，它就在当下，因此我完全依赖当下。

我们这个时代的教育

有些东西冒出来，然后它又滑落回去，我无法把握它。比如说，我不记得我在这里做了什么。它又沉入黑暗之中。现在我等待自己被引领到更远的地方。因此，每个人都是安全的。我没有计划，我不记得任何事情，每个人在我的记忆里都非常安全。这是一种美妙的生活方式。

在深沉的内在，我是一个哲学家，可我没读过什么哲学家的作品。但当我读柏拉图的时候，有些非常有决断性的东西在我面前变得清晰起来。

柏拉图思考着：当我看着你的时候，我是如何看待你的呢？我是如何了解关于你的事情的呢？你又是如何了解关于我的事情的呢？因此这里有一个联结，在你我之间有一个即刻的联结。这是不可思议的。问题是，我们之间是什么呢？

柏拉图跟随着这个思绪。他给这个看不见的联结取了一个名字，他称它为心灵。是这种所有事物之间看不见的联结，连接着彼此。如果我想要更了解你，那我是否仍然和你有联结呢？或者我只是和我自己在一起？

如果我不想知道任何事，我们就会通过空性进入一个深深的联结。一旦我想要抓住它，它就丢失了，直接的联结就消失了。用"爱"举例，如果我想抓住它，它就消失了。因此，一切都与我们所专注的东西联结，而现在我当然尤其指家族系统排列，如果我们想要揣测它，它就消失了。比如说，如果有人要把我在这里所说的话写下来，想要抓住它，那么他能拥有他正记录下来的东西吗？不，他不能。他有天线，但没有空性。

生命中的一切都是这样的，比如说在伴侣关系里，如果有人想要理解另一方，这个人便失去了对方。对方就会离开。

这同样适用于家族系统排列。那些在学习它的人，已经失去它了。然后黑暗就消失了。圆满就在黑暗之中。

赫拉克利特在某些短句里精彩地抓住了这个本质：所有的知识都浮现然后隐没。每一个真理都升起而后落下。只是瞬间的乍现，又在下一个瞬间消失。因此，没有永恒的真理。

在家族系统排列里，一个真理必须消失，然后再次以不一样的面貌升起。

这是我在这里向你们展示的。我鼓励你们对黑暗敞开。在这一瞬间所显现的，会在下一个瞬间沉落。

排列：你为我

海灵格：我有一个也可能会对你们有帮助的画面想要展示给你们。我是否可以就关于帮助孩子的议题和你们一起工作？我自己没有孩子，但我爱孩子。好吧，我不想定义这件事，我只想提及它。有谁想来和我一起工作？

海灵格选了一个女人，她坐到他旁边。

海灵格：现在我进入黑暗之中。我自己进入黑暗之中等待光芒。

过了一会儿。

海灵格：我已经收到光芒了，非常令人费解。我会说出来。你闭上眼睛，允许它为你工作。

海灵格（对大家）：你们也可以这么做。这光芒是"哦，是的。"

过了一会儿。

海灵格（对案主）：你喜欢它吗？现在闭上眼睛，对一个孩子说这句话。

过了一会儿。

海灵格：你有孩子吗？

案主：有三个儿子。

海灵格选了三个男人作为这些儿子的代表，并让他们并排站到台上。他说出哪个是第一个、第二个、第三个。他让案主站在他们的对面。

海灵格（对代表）：允许自己被内在的移动所引领。

"第三个儿子"朝一边走去，并剧烈第摇晃。

海灵格：我需要另一个男人。

海灵格选了一个男人。

海灵格（对男人）：你是父亲。

海灵格（对案主）：所有的孩子都属于同一个父亲吗？

案主：是的，有一个流产了。

海灵格（对案主）：现在看着孩子的父亲并对他说，"哦，是的。"

案主：哦，是的。

海灵格：现在去第三个儿子那里。很明显那是流产的孩子。

案主站到这个"儿子"面前。他摇晃着跪倒下来，垂下头。他迅速地看了案主一眼，然后再次垂下头。

海灵格：现在只说一个词："是的"。

案主：是的。

"儿子"抬头看了看案主然后再次垂下头。"父亲"也低下头，然后看着地面。

海灵格（对父亲）：你可以跟着感觉移动。

案主：我可以抚摸孩子吗？

海灵格：你可以根据感觉移动，随着你内在的移动走。

案主跪在那个"儿子"面前，抚摸他的头。他倒在地上，躺了下来。"父亲"跪下来，坐在自己的脚跟上，看着地面。案主跪倒下来，然后她起身往后退。"父亲"去到"第三个儿子"那里，"儿子"对他伸出了手。"父亲"抚摸"儿子"。案主再次跪下。

海灵格：这些都太廉价了。在生死面前，没有什么是廉价的。我们在这个儿子这里看到了。抚摸不会将任何死人唤醒。

过了一会儿。

海灵格（对案主）：告诉他，"我也会死"。

案主：我也会死。

海灵格（对父亲）：你对她说，"我为你"。

父亲：我为你。

"父亲"转向另外两个儿子。案主也起身了，也和他们站在一起。

海灵格：这里所发生的是，"我为你"。每个案例都一样，没有例外。

案主回到"流产的儿子"那里,并躺在他身边。过了一会儿,"父亲"也转向他,然后再次转向其他的"儿子",然后又回到他那里,来回好几次。过了一会儿,海灵格去了"第一个儿子"那里并带他离开其他人。

海灵格(对第一个儿子):这样怎么样?

第一个儿子:很好。我的呼吸更顺畅了。

海灵格(对大家):我救了他的命。我在这里停下。

海灵格(对代表):感谢你们。

你为我,我为你。

家是一个"杀人"的社区。每一个家庭都是"杀人"的社区。这是家族系统排列的一个最为重要的启示。什么是家里面杀人的剑呢?这把剑被称为:"你为我。"

这句话是一个比所有人都重要的人说出来的,她是与我们的生命联结最紧密的人,她这就是我们的母亲。她说:"你为我。"在母亲认为自己必须去"死"的无论任何地方,她对某个孩子说:"你为我。"

这句话并不是用我所说的方式被说出来的。它是一个家庭内在的移动。回答来自孩子,有时候也来自伴侣,就是:"我为你。"我们可以在这里看到。最年长的儿子说:"我为你。"但当母亲躺在死去的孩子身边时,这句话就结束了。她承担了死亡,然后我就可以把孩子从"我为你"那里带走。

现在你们很多人感到愧疚,这是肤浅的。我看到一个更大的联结。一切的本质都基于这句话："你为我"。所有的生命都因为杀害其他的生命而得以继续。

这是世界的法则："你为我"。当然，没有愧疚。我不会进一步展开说了。我只是建议你们去思考这件事。

在这里什么是解决问题的句子呢？——"我也是。"

冥想：我也是

闭上眼睛。

正如在家族系统排列中所显现的，关于生命的退缩的最基本的洞见，是两条法则："你为我"和"我为你"。

我们现在检视自己的内在，我们在对谁说："我为你"？我们对谁这样说了？比如说，作为孩子我们通常并不知道背景情况，我们会被这句话带走。

我们对这句话的感觉常常是爱。

多么令人毁灭的爱！

所有的牺牲，过去血淋淋的牺牲，人类的牺牲，动物的牺牲，全都栖息在这句话上："我为你"。

整个社会都是这两句话的演变形式："你为我""我为你"。

是的，就是这样，这就是现实。

有一个可以化解这一切的句子，一个疗愈的句子。

我们可以在心里说出这个句子，无论我们在内在感到这样或那样的愧疚。

这句话是："我也是。"

"我也是"这句话是穿越黑暗走向光明的道路。

这里所进行的一切，以及我对此所说的，都是艰难的。我已经初步的说了一些。

这是我及迄今为止所领会的。

谁知道它将如何继续！

因为刚才所发生的是核心的东西，我建议我们再次进行小组讨论，我们交流那些让心灵远离愧疚的东西。

排列：波兰和德国

海灵格：我给你们反馈和提问的机会。

案主：你说了这个句子，"我也是"。我们特别害怕这句话，就好像有人对我说，"现在轮到你了"。

海灵格：有一个将人们带到一起的移动。比如说，我想要责备某人，我会对他说这句话。你感到有效果了吗？"我也是"让我们和其他人一样。这就是那个伟大的和解。

案主：是的，我变得更加平静了。我脑子里有这样一个想法。他们都死了，我也是，就好像我们被这些话所挑选。他们所有人，包括我也是。我也死去，和其他人一起。

海灵格（对案主）：站到那里去。你代表波兰（案主是一个波兰人）。

海灵格选了一个德国人，并让他站到案主的对面。

海灵格：你代表德国。

海灵格（对案主）：这是一个德国人对波兰人产生巨大愧疚的情形。现在你看着他。你看着他说，"我也是"。你也可以说"我们也是"。

案主：我们也是。

案主将她的围巾扔掉。她慢慢地朝"德国"走去，甩着头，号啕大哭。"德国"伸出手，想要握住"波兰"的手，然后他也号啕大哭。两个人都跪下，紧紧地拥抱。她用手搂着他的脖子，他将她搂在怀里。他用尽力气哭泣。过了一会儿，两人都站了起来，手拉手，彼此凝望。"德国"拥抱"波兰"，他们拉着彼此的手，一起看向前方。

海灵格：好的，谢谢你们。

海灵格（对大家）：我不允许任何进一步的提问。这太深远了。我们现在休息，安静地离开这个空间，一个半小时后再见。

问题

海灵格：我想继续提问和回答。

良知

第一个案主：关于你今天的第一个案例我有一个问题。如果我可以说"我也是"，但一个家庭成员选择自我牺牲，我也知道不能去帮忙，我该怎么做呢？

海灵格：我在这里所说的，我们在这个排列所经历的，需要一些重要的东西。需要我们和自己的良知告别。

我要在这里说些有关良知的东西。允许我的工作不断深入的、最基本的是有关良知的洞见。

是什么在掌控良知的工作？良知是一条阻碍我们进步的锁链。这是好的、清白的良知。如果我们必须用尽一切办法跟随我们良知的声音，就会迫使我们拒绝某些人。每当我们反对某人时，我们必须拒绝这个人。但是还有更多。我们感到有权利杀了他。任何跟随其良知的人，都在对另一个人说：你不值得活下去。所有的正义都是为了证明谋杀是正当的，而且是以上帝的名义。你还能跟上吗？

案主：我知道，我理解你说的，而且我知道我不必在这里解决所有的事情。我什么也不必做。

一个和案主相识的人：他说的家人是他的妻子，他知道他不能帮助她，但他总想去帮助。在他的内心他知道他不能去干预，不该那样做。

海灵格：这在这个狭窄的层面是很容易解释的。有两种良知，你有一个，你妻子有一个。为了她的良知，她必须遵循她家庭里那些重要的东西。而那是和你的家庭不同的。如果你想帮助她，你在内心对她说，"跟随我的良知。"但那样的话你们的婚姻里就会有争执。只有男女双方偏离他们各自的良知，这样他们的关系才能成功。这会在孩子那里立刻显现出来。

海灵格（对案主）：你们有孩子吗？

案主：有三个孩子。

海灵格：你可以在心里对你的孩子说，"如果你变得像你的母亲我会感到高兴"。然后你的妻子可以说，"如果你变得像你的父亲我会感到高兴"。所有伴侣关系里的矛盾都是良知的矛盾。

案主：我理解这个。因为我的妻子受到为其母亲牺牲的牵引。

海灵格：然后她就会怀着良知，被牵引着离开她的孩子。这有着深远的良知。母亲对她的母亲说，"我为你"。然后你的孩子也对妻子说同样的话。问题是，你该如何回应？我们该排列出来看看吗？

案主：是的，可以。

排列：我为你

海灵格选了一个女人代表案主的妻子，一个男人代表他的儿子，两个女人代表他的两个女儿，还有一个代表他的前妻。

"妻子"看着地面，跪了下来。海灵格选了一个男人并让他仰面躺在"妻子"面前。

海灵格（对大家）：从这里的移动来看，很清楚，妻子想要死。

"女儿"往前倾斜，看着地面。

海灵格：她想要为母亲死。

"前妻"从这群人中走开。"儿子"和案主站在一起。案主跨过"死人"，走去那个深深弯腰的"女儿"那里。另一个"女儿"将一条腿跪在地上，大声地尖叫。"儿子"从案主身边后退。

海灵格去到案主那里，将他从"女儿"身边拉走，带他去"前妻"面前。"前妻"此时已经转向这群人了。这群人转身离开案主并看着外面。第一个"女儿"也直起身体来。

海灵格（对儿子）：你还好吗？更好了还是更糟了？

儿子：更好了。

海灵格（对妻子）：你还好吗？

妻子：现在是我第一次可以看着他了。我想要他也看着我。

海灵格：我可以在这里中断了。谢谢代表们。

海灵格（对案主）：这只是表面。我没有触碰其他的东西。你清楚了吗？

案主：我清楚了。谢谢。

海灵格：好的。

对一个成年女人的拥抱疗法

海灵格（对案主）：你的问题是什么？

第二个案主：我有个关于母亲和孩子关系的问题。孩子出生和与母亲分离是那样出乎意料的重要。在我出生的时候，我和我的母亲快死了。但医生救了我们两个。

海灵格：我之前所说的和这个有关。

过了一会儿，海灵格紧紧抓住了案主，用手绕过她的脖子。

海灵格（对案主）：现在用力地移动。深呼吸，更快地呼吸，然后移动身体。继续动，继续动，是的，继续动，是的，移动，继续动，往前移动，继续动，用尽全力。

海灵格让一个有经验的女人帮助他。

海灵格（对案主）：继续移动，往前推，快点，用力，继续往前，快点往前。

海灵格（对案主）：深呼吸，整个身体往前移动。

案主停止移动。

海灵格：是的，她现在死了，而不是出生了。你要么往前移动，要么你就死了。用力向前，向前。

海灵格（对协助者）：不要让我从椅子上掉下去。

海灵格（对案主）：继续动，用力！

海灵格（对协助者）：在我和她之间放一个枕头。

海灵格（对案主）：就像这样继续。只有你经历一次这个过程才好。很多孩子这样死掉了，因为他们没能继续更久。呼吸，快点呼吸，用力呼吸。

海灵格（对协助者）：跪下，将她拉向你。

海灵格（对案主）：继续呼吸，呼吸，继续呼吸，继续。往前，更往前，快点，快点，继续，是的。

她挣脱了海灵格的胳膊。

海灵格：现在，你通过了。

海灵格（对协助者）：现在你将她搂在你怀里。

海灵格（对案主）：嗯，你成功了，你到底成功了。现在看着她的眼睛，看着你母亲的眼睛，对她说，"亲爱的妈妈，我在这里"。

海灵格（对协助者）：现在你将她抱在怀里，就像一个母亲。就像那样。是的，正是。

海灵格（对大家）：直到现在，她才到达，到达母亲的怀抱。

生命之初的祈祷

海灵格（对案主）：现在看着你妈妈的眼睛对她说："亲爱的妈妈，我从你这里获得生命，我从你这里获得我的生命，以及伴随这个生命而来的一切。令你我付出一切代价的生命，我将用它来做些事情，你也将为此感到高兴，所有那些为生命而付出的努力不会白费，我飞快地拥抱着我的生命并荣耀它。如果我可以，我会将这个生命传递下去，如你所做的那样。我接受你作为我的母亲。你也可以拥有我作为你的孩子。你是大的，我是小的。你给予，我接受。亲爱的妈妈。"

海灵格（对一个男人）：你跪在那里。你是父亲。

海灵格（对案主）：这是你的父亲。对他说，"亲爱的父亲。感谢你。我也从你这里接受所有的一切，伴随这个生命而来的一切"。

案主：亲爱的父亲，感谢你。我也从你这里接受一切，伴随着这个生命而来的一切。

海灵格（对父亲）：将她拥抱在你怀里。

海灵格（对案主）：对他说，"我从你这里获得生命，这个让你我付出一切代价的生命。我将用它来做些什么，如果我可以，我会将它传递下去，正如你所做的那样。你是大的，我是小的。你给予，我接受。亲爱的爸爸。我很高兴你接受了妈妈。你们两个，是我最合适的父母"。

瓦解心锚

海灵格：现在我们来做一个练习，一个疗愈的练习。我已经简要地解释了什么是心锚，一个正面心锚和一个负面心锚。她在这里所拥有的是一个正面心锚。现在我要和她一起经历她的创伤。

海灵格（对案主）：从出生开始往前，你非常慢地走，一个小时又一个小时、一天又一天地往前。如果你被某些东西移动，和它一起动。

海灵格：现在是几岁？

案主：两岁。

海灵格：你两岁的时候发生过什么。现在你留在这个移动里，同时和爸爸妈妈一起。你感到安全，你经历这个创伤。

她平静下来。

海灵格：在那里，这已经结束了。现在你往前走，和你那个年龄的样子联结。所以，你在长大。

她再次移动。

海灵格：现在是几岁？

案主：八岁。

海灵格：八岁。留在这个情景里，就如其所发生的那样，直到它结束。

她再次平静下来。

海灵格：现在结束了。现在你再往前。

她再次移动。

海灵格：这是下一个创伤。现在是几岁？

案主：十二岁。

海灵格：待在那里。经历它。这是一些沉重的东西，非常沉重。待在那里直到你再次好起来。

过了一会儿，她平静了下来。

海灵格：现在好了，现在你继续往前走。

她又移动了。

海灵格：又有一些东西了，非常接近。现在是几岁？

案主：十五岁。

海灵格：好了吗？

她继续移动。

海灵格：现在是几岁？

案主：三十三岁。

海灵格：好吧，我想这样就够了。感谢所有提供帮助的人。

案主：你可以回到座位上了。

海灵格（对大家）：谁会想到她的问题会得到这样的答复呢？但我很高兴我能展示这个。这是另一个维度的治疗。

海灵格（对协助者）：有你帮我真好。这是一个挑战，而且这确实是女人的工作。

冥想：亲爱的妈妈，亲爱的爸爸

海灵格：现在闭上眼睛。

我们回到我们出生的时刻，同时回到母亲和父亲那里，和他们一起。

他们看着彼此，说，"我们的孩子"。

然后我们看着他们说，"你们的孩子"。

亲爱的妈妈，亲爱的爸爸。

在我的内在，你们永远合二为一，全然地合一。

作为我的母亲和父亲，我将你们带入我的生命。感谢你们。

现在我在这里，我将与你们同在。

好吧，是的，这是我们课程的重点。圆满的生命。

告别和感谢

我怀着感谢回顾这个课程。首先感谢那些引领我和你们的力量，用如此深沉而广袤的方式。我们被另一个地方的力量用爱的方式所带领。

我的内心对达纳·皮拉日科娃以及她的协助者充满感谢，是他们的努力让这次课程成为可能。显然，他们也与一些好的力量融合一致。

但如果没有翻译们的精细工作与技能，我能达成什么呢？你们又能达成什么呢？我发自内心的感谢你们。

让我们以展望来结束吧，从看向一个等待着我们的未来开始。它握在另外的手里。我将它放在未来的手里。

结束的沉思

瞬态

我们不断往前看，看向我们等待的下一件事情。我们因此很容易错过下一件事，它将被留在身后，正如当下这个一样。没有停留的未来。同样，当下也将过去，如其他一切一样。

如果我们让自己展露在这个课程的瞬间里，我们的热忱和激情会怎样？我们会有怎样的担心？那些残酷的事会怎样呢？那些急不可耐的前进会变得如何呢？我们的悔恨会怎样呢？我们让它们离去，即使是现在，那些看起来留驻的一切，我们站在那里，两手空空，张开着。

瞬态创造了空间，以不同的方式继续和流逝，它因此而创造空间,但它会离去。

每一种信仰也这样流逝,连同每一种宗教,一起流逝。他们都紧握着那已经过去的。他们甚至在升起之前就已经流逝了。因为他们是后裔。没有人可以和奠基者平起平坐。所有的一切都被留在身后,留在过去。

我们的洞见和名望也是一样的,它们瞬间消逝,因为它们以不同的方式继续。

问题是,瞬间消逝的一切都去向了何方?它会回来吗?它在继续吗?它还在继续,就好像在一个无限的循环里回到了它的原初吗?它回到了一切开始之前吗?回到了一切存在之前吗?

这些思考也是瞬态的吗?必然是瞬态的吗?它们留下了什么?它留驻在此刻的当下,这个圆满的当下。当下仅仅在这里,全然地临在。

我们如何活在这个当下?我们瞬态而轻松地活,因此,即刻空性而又圆满。我们不受过去的约束,甚至不受时间的约束。我们与一个永恒的移动合一,瞬态地合一。

交给你

如果我们虔诚地说这样的话——"交给你"——我们想象我们对一个"你"这样说,就好像我们对另一个"我"说一样。然而我们不断地体验到自己被好的力量所引领,即使我们不能用我们的感官感知到这一点。因此,我们有某种使自己信任这种力量的冲动,

我们这个时代的教育

就好像他们是引领和承载我们的一种存在，在每一个瞬间，如此亲密地环绕左右。

从这个角度而言，并没有我们向外到达的外在，但总有一个内在，一个容纳着我们的内在。在这个内在，终极可以在当下感知，和一切现存的和曾经的，共同显现在我们面前，甚至和源自我们自己视角的一切，一起在我们面前显现。我们认为我们是在外探寻，但却是在内在移动。

对我们的伴侣关系而言也是如此。我们认为是向外寻求的伴侣，我们却在内在和他们相遇。我们内心爱着我们的伴侣，并转向他或她。我们在内在也和我们的伴侣以矛盾、拒绝和想要分开结束，不和这个我们认为我们爱的人一起生活。

我们只有在内在才能和我们的伴侣一起变得完整。我们在内在找到圆满的方法。

我们的过去，以前的生命，过往的愧疚，以及想要为自己的伤害行为去修复的所有尝试——我们在最深的心灵和身体里和它们相遇。如果我们努力想要去除他它们，我们就会变得更少，没有任何改变。

在我们的身体和心灵里，其他的心灵吸引了我们的注意。那些想要通过我们作为媒介，从他们的束缚里获得修复的人，他们也想要被带入这个国度，在这个国度里，他们可以从过往的生命里以及仍然牵绊他们的一切里，获得修复。

如何做到呢？和他们一起看，超越这里的这个生命，过往的和此刻的生命，看向另一个光明，甚至超越这个光明，进入那个无限的空性，那个一切生命的来源，那个内心最深处渴望回归的地方。

我们从哪里找到这个空性？我们如何找回我们源头的道路？我们如何能再次找到它的圆满？这种找寻被交付到了谁的手里？我们手里，我们那向某些无限的东西伸出的手里。它在我们的心灵深处，等待我们的回归，等待我们超越此处生命的完整。

因此，这个朝向完整的道路朝向哪里呢？它朝向内在，深深的内在。它与某些无限的东西和谐一致，某些一方面是空性的，但另一方面又是无限的东西。在那里，空性却又无限圆满，刚刚开启却又即刻结束。

我们如何到达这样的圆满？我们如何到达那里，留在那里，张开双臂放空自己，就好象与它无限地融合为一？

这个移动是向内的，进入我们最深的内在，敞开或神秘隐藏一切所在的最深的内在。在那里，所有都被包含在内，活着的和死去的同时存在。我们这些活着的人，和死去的人一起，被安放在同样的手里。完成我们的旅程，然后被安放在那里。

永恒

对于很多人而言，永恒是一个梦想。比如我们谈论的永恒的爱。

在科学上，很多人经常宣称自己有一个决定性的洞见，并宣称这个决定性的证据是某种最终的、从今往后永远生效的东西。过了一段时间，他们必须面对一个新证据和新方法，这个新证据和新方

我们这个时代的教育

法推翻了这个最终和永恒的洞见。他们只是初步揭示了它，而不能宣称它是永恒的。

通过这样的方式，科学变得很容易，因为通过这样的方式，结果能够被测试，而不是在默认中继续，但必须以这样的方式继续。从未停息，因此也没有什么是永恒。所谓的永恒经常是指一种启示，既非内在的，也非外在的。唯有那些被拣选的人可以参与，其他人则必须相信那些被拣选的人。即使被拣选的人也必须相信。他们要和信仰者们一样宣称同样的启示。

因此这些启示录是来自外在的吗？它们可以被检测吗？或者它们来自内在、来自一个内在的体验？

作为一种内在的体验，这些启示可以被那些收到启示的人应用，而不是被当成一个恒久不变的真理。最重要的是，把启示当成一个行动的指导，行动指导的结果必须用来不断衡量启示的效果。

这对于那些跟随信仰者的人是不同的。他们只是相信而不去检测他们所相信的。某些东西被另一些人拥有，成为永恒的真理。这种永恒不能忍受检测。结果将会很严重。

这种永恒是无情的，正如所有宗教所展示的那样，它是无情的，因为它拒绝与新的东西联结。

但我们所了解的世界，根本没有永恒。它只知道不停地移动，一种看上去永恒的移动，每一秒都是新的。这种移动不断地抛弃个体。它不断地将个体抛在身后，包括个体生命。

然而，在所有瞬态的背后，所有奔跑而来的一切背后，我们体验到一种力量，这种力量栖息于一切本身，隐藏着，但就在那里。

这种力量是永恒的吗？在我们的理解里，它是没有开始和结束的吗？我们是否和它在一起，仅仅是通过存在，在一种永恒的联结里，超越我们的到来和离去？我们并不知道。但是当生命以新的方式继续，即使表面上看上去结束了，整体仍然存在于一切，曾经和将要到来的一切。

对我们而言也是如此。有多少过往的生命，仍然在我们内在活着？以各种不同的形式活着？又有多少正在到来的生命，已经对当下的生命产生了影响？就我们当下的生命而言，我们是否好像已经以很多方式永恒了？并没有一个可以辨认的开始，和一个可以辨认的结束？我们是否以这样的方式被带入了一个永恒的移动？

然而这个永恒，因为它是永恒的，超越一切移动，继续着它的工作。我在这里陷入了矛盾，除非我体验这种永恒，就像它是某种超越一切的存在，将一切从虚空里释放出的某种存在。

我们只能想象这种虚空，这种既不在一切之前存在，也不在一切之后存在的虚空。没有开始，没有结束，将一切存在，从它自身那里释放出来，不多不少地释放出来。对这个虚空而言，存在只是一个永恒的游戏。

因此我们如何对待这个虚空，还有它那永恒的游戏呢？我们一起玩，暂时的，用这样或那样的方式，在时间之内或之外。

然而，我们凝视着这个永恒的虚空，自在、空性并即刻在那里。没有开始，没有时间，没有回归，却又已然回归，永恒地回归。

联系方式

主页：www.hellinger.com

www.hellinger.cn

邮件地址：info@hellingerschule.com

网上商店：www.Hellinger-Shop.com

学习：在海灵格的网站你可以看到由海灵格和索菲主持的工作坊，以及遍布世界的海灵格学校。

海灵格教育
海灵格学校官方唯一抖音号。